留情

一位大宅門女大學生的生命履痕

何國慶
蔡登山
合著

目錄

【序】

往日情懷（The Way We Were）

何國慶
何創時書法藝術基金會董事長

我對歷史的熱愛，緣於我初中時期所受的教育。還記得歷史老師呂士朋先生說故事精采生動，話語中充滿熱情。特別是講到清末甲午戰爭、八國聯軍、《辛丑條約》喪權辱國這段歷史的時候，他悲憤的神情深深撼動了我。受到呂老師愛國真情的感動與啟發，我因此對中國歷史有著濃厚的情懷。

二〇一五年，我在北京參觀過鄧康延導演策畫的「先生回來：他們的背影，一個民族的正面」特展，所謂的「先生」指的是民初的大學者、教育家，他們在飄搖動盪的時代，以教育為力量，支撐起民族的脊梁，為的是讓國家更好更強。抗戰時期由北大、清華、南開遷至大後方組成的西南聯大，集中了一批強大的知識菁英與學術大師，在昆明一地教育出無數國家民族的讀書種子，其中還有日後的諾貝爾獎得主。此時全國還有許多一流學府的教育家，他們在苦難的時代一起努力為近代中國的興起開創了契機。

我在二〇一九年與新竹清華大學楊儒賓教授共同策畫了「回到一九四九年．先生們來了」展覽。回顧國民政府遷台，帶來百萬軍人與知識分子，一群異鄉客在此地建立新家園。政局變動固然是時代悲歌，但也因此為台灣迎來發展的新局面。故宮博物院、中研院、中央圖書館帶來國之重寶與重量級學人，不少知識青年也來台任教，將傳統國學與西方新知傳播於學校。而政府廣設中學與高中，並有原先在中國的著名高等學府例如清華、交通、中央、東吳、輔仁等在台復校，使得台灣學子受教育的比率提高。幾位受人懷念景仰的「老校長」，例如建國中學賀翊新、北一女中江學珠、師大附中黃澂、新竹中學辛志平，都是民初時期培養出來的優秀人才。而我們這批戰後嬰兒潮出生的新一代，在中學、大學時期即受教於這群文化底蘊深厚的先生們。

多年前，我買到一本以一九三一年燕京大學社會系周叔昭為主角的畢業紀念冊，是老師與同學寫給她的祝福。當我打開第一頁徐雍舜同學的題詞，讀到「同班同系，同志同趣。同往陋巷，同赴監獄。無告為憐，囚徒乃恤。……司法改良，首重監獄。」並以「有志竟成，前途努力」為共同的理想，我被他們從事罪犯研究，積極走入監獄的精神深深震撼。左玨則以「中國無以為寶，惟學者以為寶。真正的學者在今日中國真是無上的瑰寶」相勉勵，可見他們對個人未來與國家前途充滿期待。同學們的留言中有文言文、英文、法文、德文、俄文，可以看出他們運用中西語言所散發的斐然文采。紀念冊中的幾個主題包含吳文藻與冰心及吳宓的學生們、周一良家族成員、費孝通與雲南社會工作隊，以及多位燕京大學教授，充分展現三〇年代大學畢業生的追求知識的熱情與對國家強盛的期許。

最近我將這本紀念冊拿給作家蔡登山先生翻閱，並說這麼精采的故事，應該出版讓更多人知道，這個構想立刻引起他的高度興趣。登山兄是知名文史作家、影視製片人，一九九三年起以「作家身影」為題，花了四年時間拍攝十餘位近代作家的紀錄片，開啟探索作家心靈世界的風氣。他對於民國文人史料的掌握非常廣博，擅於將錯綜複雜的人際網絡做聯結，化為清晰的影像畫面。蔡先生是出名的快筆與妙筆，花了兩個月時間仔細考證紀念冊中人物，釐清了時間、地點、筆跡、人名、事件，又從這些人物的後輩手中尋得不少珍貴照片，使得整本冊子彷彿成了一部電影膠捲，所有人物都鮮明地活過來了。

在我們成長的過程，同學師友是最難忘懷的記憶，也影響日後的人生發展。現今處於網路時代，打字的便捷已取代手寫的溫度，像這樣圖文並茂的紀念冊已很少看見了。在欣賞他們的古典詩文、白話新詩、外語文學、水墨、水彩、書法，品味深厚情誼的當下，希望能喚起年長朋友的美好回憶，也讓青年學子們學習前輩們的人文素養與家國情懷，為將來進入社會職場上打下根基，為自己的生命留下深刻的典範。因此我抱著獨樂樂不如眾樂樂的心情，將這本好書與大家分享。

開場白

在一九八八年二月中旬，在台北林森北路三九九巷台灣菸酒公賣局老舊的宿舍，年已八十歲的老太太周叔昭（一九〇八－一九九六）女士，仍然伏案在寫作。在她的書桌前擺放著先生嚴景珊的遺照，雖然他已經故去十年之久了，家裡還存放了許多他的收藏品，包括橋牌、香菸盒和菸酒標貼、精品火柴盒。除了橋牌外，這些東西都是他來到台灣後，任職於台灣菸酒公賣局幾十年的收藏。而橋牌的收藏卻是更早，早在一九四一年左右，他出任貴州銀行畢節縣支行經理時，有一次一位朋友送給他兩副美國橋牌，牌背面都是國際著名大畫家馬蒂斯的名畫複製品，非常別致，這觸動了嚴景珊開始收集橋牌的念頭，因為它不但使自己精神上有寄託之外，也可以欣賞到許多美麗的圖案，於是他就和橋牌結下了不解之緣。他千方百計的去收集各色各樣的橋牌，將每副新牌的聽用牌（Joker）留下來，其中包括人物、山水、花卉、蟲鳥、名畫、圖案畫，特別是有紀念性、廣告以及各種動物等，三十年來，他收集橋牌的種類已達三千八百七十多種，其中最大的有十八公分高，最小的可放在鑰匙鍊中，只有小拇指一樣大小；而形狀更是五花八門，有圓形、長方、斜方、六角、魚形、細長等，顏色都非常豔麗，圖案的設計更是挖空心思，無奇不有。而其中有一張牌當中印有一個「凱」字，據說是二次世界大戰後，美國一家紙牌公司為紀念盟國勝利而特別製作的。還有一張是美國援華會印製的中間印著Aid to China（援華）字樣，四周環繞著五隻蝙蝠，這兩張牌因為在目前都已很難找到，所以也就格外珍貴。另外一些廣告商印製的橋牌，因為時間久遠，存有的不多，有的只剩一張，已找不到「伴侶」了，如果有「一對」能同時存在，身價當至百倍。為了收集這些橋牌，嚴景珊可算是煞費苦心，他頻頻向國外親友、親友徵求並相互交換，而這些寶藏他也不輕易示人，只是留著自己欣賞。直到他過世後，在一九八〇年九月六日，周叔昭才把他這三千八百七十多種橋牌，假台北市大安區仁愛路三段十九號一樓的「中國電視公司文化服務中心」展出，當天上午十一時半揭幕，由中視演藝人員剪綵，造成空前的盛況，而對於周叔昭而言也是報答夫妻鶼鰈情深數十載之情，也讓嚴景珊的收藏公諸於世。

而在這臘景暮冬時節，離舊曆過年只有一週左右，在雨聲不斷的黃昏裡，離愁思鄉，使得這位孤寂的老人，陷入回想，她回首平生，驀然之間，她想起了南宋詞人蔣捷的〈虞美人・聽雨〉這首膾炙人口的詞：

少年聽雨歌樓上，紅燭昏羅帳。

壯年聽雨客舟中，江闊雲低，斷雁叫西風。

而今聽雨僧廬下，鬢已星星也。

悲歡離合總無情，一任階前，點滴到天明。

蔣捷的這首詞，寫出黍離之悲、銅駝荊棘之感！他以同樣是「聽雨」，卻道出人生三種不同的況味！周叔昭心想她又何嘗不是呢？年少時她在燕京大學的紅樓聽過雨，那時她不識愁滋味；中年適逢抗戰，各地輾轉，四處漂泊，有如失群的孤雁！而如今老伴已不在，兩鬢白髮蒼蒼，聽細雨點點，往事如夢如煙，悲歡離合總無情，一切就隨它去吧！

她攤開稿紙，腦海中浮現出種種的景象，她順著畫面寫著[1]：

在上海西摩路一座三面臨馬路，日本式的大花園裡，我和我的兄弟姊妹們度過我的童年和一部分的少女期。

生活是寬裕的，太寬裕了；記得電冰箱還沒有十分流行的時候，在我們家一條長廊的盡頭已經屹立著一個發出輕微鼾聲，貯藏食物的巨人，而父親的那輛小轎車，也是時常更換式樣。……

孩子們長大了，有的升學、有的結婚，我在十八歲那年和五妹、二哥、大哥、大嫂離滬赴津。家裡的人越來越少，父親賣掉西摩路的大房子，遷入一棟精緻的小洋樓。不知道他老人家以後過年，是否仍依照老規矩？我呢？從南開轉學燕大[2]，畢業後返滬結婚，婚後又回北平定居，然後是盧溝橋事變；抗戰八年中，由平赴津，後又赴港，去了內地；勝利後離黔去川，由川去南京，不久返滬，又由滬來台，輾轉走了五六個地方，滄海桑田……

周叔昭此時此刻陷入極深的回憶中，不能自已，她走到櫃前從小箱子拿出她當年特別訂製的三十二開本的留言冊，它封面漆布黑底，燙金色英文羅馬字體「Memorandum, Elaine Chou」，Elaine是她的英文名字，這是周叔昭的「私人訂製」。在上面留言者共有五十餘人，多為周叔昭的師友及同窗或堂兄弟，如吳文藻、冰心、楊開道、陳漢第、吳宓、費孝通、雷潔瓊、林蒲、周一

---

1 該文即是以「舒吉」筆名，發表於一九八八年二月二十一日《聯合報》的〈春節憶舊〉。

2 據周一良著《鑽石婚雜憶》頁四五有「當時，燕京大學與南開中學之間有所謂保送制度，凡中學品學兼優的學生可以不經入學考試，直接升入大學。」

良、周珏良、周杲良等人。冊中最早的留言款為一九三一年，那時的周叔昭在燕京大學社會系畢業，之後她又攻讀兩年的研究院，獲得碩士學位，一九三三年步入社會工作以後人生路的轉折，至一九四八年還有人在此冊留言，時間長達近二十年之久。地點從北平、天津、上海、香港、昆明、貴州、重慶到南京等地，跨了大半個中國。冊中內容有白話、詩作、英文、書法、水墨畫、水彩畫，因人各異而多樣。它是周叔昭這近二十年的人生縮影，也是她這段不平靜的旅程的寫照，雖然距今又過了四十寒暑，但往事歷歷，並不如煙！

她翻閱著《留言冊》，雖然當時題寫的人並沒有按照頁數的順序去題寫，有時也沒寫日期和地點，但周叔昭卻能如數家珍地憶起當時的往事。當她翻到她的堂弟周一良，現今已是著名的史學

周叔昭《留言冊》封面

家的題詞，讓她眼睛為之一亮，題詞寫道：

余生平遇家事，惟守素節用，淡泊處之而已。至於一身行止，惟義是視，從不趨利避害。當患難，可辭而不辭；遇富貴，可就而不就，此心坦如也。爾輩看我一生，何嘗俱在貧賤、禍患之中？違義而榮，不如守義而困。榮與困在命，義與不義關於己也。

廿七年八月

叔昭四姊以手冊屬書因錄

先曾祖《負暄閒語》一則際此時艱

期與

叔昭共勉無違

祖訓學之工拙非所計矣

一良

題詞中提到《負暄閒語》這本書，這是她的曾祖父周馥為教育子孫後代而撰寫的散文體家訓，就在她出生的那一年，一九〇八年，曾祖父早已息影山

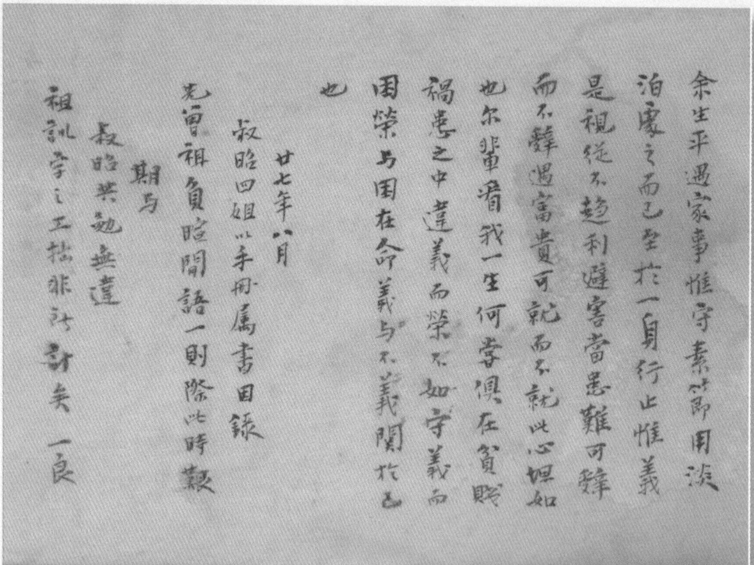
余生平遇家事惟守素節甘淡
泊處之而已至於一身行止惟義
是視從不趨利避害當患難可辭
而不辭遇富貴可就而不就此心坦如
也爾輩看我一生何嘗慣在貧賤
禍患之中違義而榮不如守義而
困榮與困在命義與不義關於己
也
廿七年八月
叔昭四姐以手冊屬書因錄
先曾祖負暄閒語一則際此時艱
期與
叔昭共勉無違
祖訓字之工拙非所計矣 一良

周一良題詞

林，在廬山、蕪湖小住數月，在這段時間裡，周馥無論去哪都帶著孫子周叔弢，周叔弢在周馥身邊，向周馥問了許多問題：怎麼讀書、怎麼做人、怎麼做事，就連算卦、風水也問，而周馥則根據聖賢典籍一一作答。如此以問答的形式記錄下來，就成為這本書的內容，分別從讀書、處事、待人、治家、延師、婚娶、卜葬、祖訓、鬼神等十二個方面出發，提出了自己的要求和建議，以此約束子孫的行為。周馥在書前說：「余衰且病，相見之日漸少矣，可即以此為遺訓，隨時參悟，以助學力。諸小孫及曾孫等有在襁褓者，他日長成，可以此訓解之。此爾等成敗、興衰大關鍵也，辛毋忽忘，負我厚望。」在一九一一年周馥的五子學淵就在濟南組織刊印出單行本，這是他們從小都要讀的書。一九二一年周馥去世後四子周學熙等很快就編印出周馥的全集，其中也包括《負暄閒語》。後來周氏家族一直人才輩出長盛不衰，《負暄閒語》作為治家寶訓發揮了至關重要的作用。

周叔弢原名周明達，是周一良的父親，也是周叔昭的四叔。《負暄閒語》是周氏的傳家寶典，小時候可說是都過目不忘的，周一良所題寫的這一小段是出自於該書的卷上「處事」門，自也是周叔昭耳熟能詳的。而由此段話語，周叔昭腦海中浮現了周家整個大家族的情景，從曾祖父，到祖父輩的，再到父親輩的，再到她這輩的堂兄弟姊妹們，枝繁葉茂，真是個「大宅門」，比起《紅樓夢》裡的賈府並不為過的。

第一章

人才輩出的周家大宅門

周叔昭在〈春節憶舊〉文中說：「我們是安徽望族，仕宦之家。」在《燕大年刊》（一九三一年）畢業紀念冊中周叔昭的籍貫寫著「安徽秋浦」，也就是現在的東至縣。對此周一良在《鑽石婚雜憶》有解釋：「東至縣，唐時名至德縣，五代改為建德，此名沿用約千年。一九一四年改名秋浦，一九三二年復名至德，一九五九年與東流合併為東至縣。」

談到周家的起源，周一良的弟弟周景良在接受《東方早報・上海書評》鄭詩亮、沈奕的訪問[1]說：「我們周家據說是唐朝一個叫周訪的從婺源一帶遷到了建德，周訪曾任荊州刺史、御史中丞。到了第五代出了兩位詩人——周繇和周繁，周繇為咸通十三年（八七二）進士，『大曆十才子』之一，官至檢校御史中丞，他的詩被收進了《全唐詩》。宋朝還出過一個什麼將軍，再往後就沒有闊人了。直到周馥，家族才興旺起來，可以說是貴了，進入了上層社會。」因此說起周氏家族，我們就不得不從他們的近代開山始祖周馥談起。

周馥（一八三七—一九二一），名宗培，字玉山，號蘭溪。晚年做過山東巡撫，還出任過兩江總督、兩廣總督，是清朝九位級別最高的封疆大吏之一。在中國歷史上，一個人有所成就並不難，如果能夠提攜族人一起發展，那才是難；一個家族顯赫一時也不算難，但能歷四代而朝氣蓬勃，人才輩出，那真是難上加難，但周馥都做到了。自周馥始，至今已經綿延五六代，繁衍子孫數百人，他們分布在全國各大城市和世界各地。到了二十世紀下半葉，周氏家族走向世界，形成了一個文理並重、中西交匯、百花齊放式的學術大家族，足足風光了一百多年。

周馥被稱為「李鴻章的大管家」，他追隨李鴻章四十年，一八六一年周馥年二十四，在安慶入李鴻章幕，辦理文牘。但周馥與李幕的同僚也略有區別，一則他絕無科名，附貢出身，不能直接出仕，雖累次保舉，較之正途同儕，其早年不算順暢。一八七二年，他以治河有功，當時直隸總督兼北洋大臣李鴻章遂以道員留直隸儘先補用。一八七五年冬，李鴻章委派周馥籌辦海防支應局，任為會辦，負責北洋海軍軍餉收放事務。此後周馥在直隸、山東為官二十餘年間，凡遇水患，無不參與籌劃治理。李鴻章對周馥很欣賞和信任，李鴻章稱讚周馥「用心極細，慮事最精，且廉正有魄力，非時人所及也」，「才識閎遠，沉毅有為，能勝艱鉅」，「辦軍務、洋務、海防，力顧大局，勞怨不辭，並熟悉沿海情形，堪資倚任。」而周馥對李鴻章也是感恩圖報的，當一八八一

1 〈周景良談建德周家〉刊於二〇一三年十二月二十九日《東方早報．上海書評》。

年春，周馥回到安徽建德守喪期滿，兩江總督兼南洋大臣沈葆楨以修理金陵城垣的美差，勸周馥留江蘇任職，周馥力辭，云：「李相國待我厚，我既出山，安可無端棄北而南也。丈夫出處，惟義是視，何計利害！」一八九四年，中日甲午戰爭爆發後，李鴻章任命周馥總理敵前營務處，有人對周馥說：「此役必敗無疑，爾往前敵何為？」建議他不要出任此職，周馥回答說：「明知必敗無疑，而義不可辭也。余從相國久，不忍不顧，死生聽之。」對此周景良在接受訪問也談道：「終李的一生都在幫助李。即使有更好的機會也不去，有時明知沒有好下場，按自己當時職務原沒有必須承擔的責任（如甲午戰爭），他也陪李陪到底。李鴻章領導的北洋海防建設，周馥除了沒有上軍艦指揮外，舉凡籌辦策畫，管理經費，修建軍港、炮台，管理海軍學校，創辦陸軍學校、機械局（兵工廠），建立海軍醫院，創建鐵路，創建電報局等，他都是或直接領導，或監督、策畫。後來的北洋政府領導多數出自陸軍、海軍這兩個學堂，因他曾任領導，學生都尊他為老師。一九二一年他去世時，當過總統、執政的黎元洪、段祺瑞在致周馥的輓聯中都稱自己是周馥的門生。」另外周馥和袁世凱是兒女親家，周馥的十一女周瑞珠嫁給袁世凱的八子袁克軫為妻。

史家陳寅恪曾言「自同治至光緒末年，京官以恭親王奕訢、李鴻藻、陳寶箴、張佩綸等，外官以沈葆楨、張之洞等為清流。京官以醇親王奕譞、孫毓汶等，外官以李鴻章、張樹聲等為濁流」。再「自光緒（末）迄清之亡，京官以瞿鴻禨、張之洞等，外官以陶模、岑春煊等為清流。京官以慶親王奕劻、袁世凱、徐世昌，外官以周馥、楊士驤等為濁流。但其間關係錯綜複雜先後互易，亦難分化整齊，此僅言其大概，讀者不必過於拘泥也」。對此陳寅恪的學生周一良在其《畢竟是書生》回憶錄中指出，或許在陳氏看來，但凡幹練有為、長於吏治的官員統歸「濁流」，而潛心治學、造詣深厚的官員均係「清流」。學者咸偉認為周一良「這一分析言簡意賅，大抵合乎事實，只是未能關切晚清中西交織、新舊相爭的歷史大背景。陳氏所舉『清流』，基本均為科舉正途出身，崇尚『中學為體』；而『濁流』則多有捐納、議敘等異途出身者，他們對於中學並不熱衷，普遍投身與發展洋務、振興實業和新政改革。可見前者以『言教』為主，致力於學術和文化；後者『言技』、『言政』居多，更關注器物和制度層面。」[2] 但兩者的界限有時並非涇渭分明，周馥家族就是明顯的例

2 咸偉，〈晚清督撫的治家方略與族運走向——以周馥家族為例〉，《湖北大學學報》，二〇一八年五月，第四十五卷第三期。

子。

周一良在《鑽石婚雜憶》中說：「當時民間對周馥也有些議論，這大約主要是因為他只不過是個秀才，沒有科舉功名。根據光緒三十二年（一九〇六）《大清縉紳全書》，山東巡撫周馥籍貫下注：『附生』；兩江總督人名下注：『附貢』。附貢、附生皆指秀才。……（周馥）六十六歲才升任巡撫。我想這與他不是正途出身定有關係。而六十六歲的人還要追究他是不是舉人進士，可見科舉功名在當時官場之重要。周馥自己當然也意識到這一點，在〈生日放歌〉詩中說：『我生不意布衣濫忝至旌旄』。雖然他後來與袁世凱一起上疏請廢科舉制度，但他的五個兒子中，四個是舉人，其中兩個進士，一個翰林，還有一個經濟特科，這恐怕與其自身遭際不無關係。」也由於此他深感教育之重要，努力培植他的後人，終於從農耕讀書到官宦實業，再到學術研究，蔚然成為百年文化家族！

周一良談到周家流傳區別輩份的譜系，是根據「國之大有文，禮樂光宗學，明良啟俊賢，贊育慶咸若。」這幾個字來論資排輩的。周馥名宗培，是「宗」字輩，他有六子三女，六子：學海、學銘、學涵、學熙、學淵、學煇，是「學」字輩；三女：瑞鈿、瑞珍、瑞珠。再下一輩就是「明」字輩（但

「明」字輩，後來都改名了），再下一輩緊接著是「良」字輩。由於人物眾多，族繁不及備載，我製作一張世系表（囚太龐大，書中只採用周學海一支）於附錄中，在此僅就周學海與周學熙這兩支，也就是周叔昭、周一良的祖父與周志輔的祖父這兩房兒女其中傑出者，做一簡單介紹，掛一漏萬，在所難免。

周馥長子周學海（一八五六—一九〇六），字澄之，一作健之，是晚清名醫。早年潛學儒學，在光緒十八年（一八九二）中進士，任補內閣中書，又出任浙江候補道。但周馥不願其遠出為官，而周學海也確實淡泊名利，三十歲後潛心研究醫學，論脈尤為詳盡深刻。讀書治學極為嚴謹精博，在臨牀實踐中，能學以致用，運用所學的醫理指導臨證治療。他能融匯《黃帝內經》及張仲景《傷寒論》、《金匱要略》等書的有關脈學內容，對各種脈象進行形象化的描述，而且在傳統的舉、按、尋、推診脈指法基礎上，提出具有自己創見性的移指法、直壓法等，對各種脈象的氣血虛實寒熱也予以詳述。在學術上，他「服膺張璐、葉桂之說，論脈尤詳」，造詣極深。著有：《脈學四種》，《脈義簡摩》八卷，《脈簡補義》二卷，《診家直訣》二卷，《辨脈平脈章句》二卷，《形色外診簡摩》二卷，《傷寒補例》二卷，《讀醫隨筆》六卷，《評註醫書》，共一一四卷，刻於一八九一年。

周馥四子周學熙（一八六六－一九四七），字緝之，又號止庵，晚年號松雲居士，又號硯耕老人。周學熙以興辦實業成績卓著，與南方實業家張謇齊名，有「南張北周」之稱。周學熙一八九三年參加順天鄉試，中舉人。後來多次參加會試未中，決定放棄科舉正途。一八九八年，報捐候補道，由北洋大臣裕祿札委為開平礦務局會辦，不久任總辦。《辛丑和約》簽訂後，周學熙到濟南投效山東巡撫袁世凱，被委為山東大學堂總辦。次年，周馥任山東巡撫，循例迴避，改到天津，乃籌辦直隸銀元局，任總辦。一九〇三年，因受到袁世凱的賞識，被派往日本考察工商和幣制事宜。回國後，任直隸工藝局總辦，並在天津開辦高等工業學堂，培養化學和機械製造方面的人才和師資。一九〇七年升為長蘆鹽運使。在此期間，周學熙招股開辦唐山啟新洋灰公司、灤州礦務公司。後來調任為直隸按察使。一九〇八年，被授為農工商部丞參，並籌辦京師自來水公司，為近代創辦自來水公司的先聲。周學熙興辦實業的能力，深得袁世凱的青睞。一九一二年為北洋政府財政總長，參與了袁世凱為籌措內戰軍費與五國銀行團簽訂的善後借款合同，後被迫辭職。一九一五年又再次擔任財政總長。但因對袁世凱復辟帝制不予附和，被迫遷居北海，形同軟禁。只因袁世凱和周馥交情深，才沒有殺他。期間不斷請辭財政總長職，直至次年四月才准去職，由孫寶琦繼任。從此，因無意做官，而專心於實業。分別在唐山、天津、青島等地設華新紗廠，又設興華棉業公司。一九一九年，徐世昌任周學熙為全國棉業督辦，在任期間籌辦植棉試驗場，組織棉業工會，設立整理棉業籌備處，又開辦棉業傳授所。一九二二年，在秦皇島開辦耀華玻璃公司，又設啟新機器廠於唐山。一九二四年成立實業總匯處（後改為實業協會和實業學會），任理事長。一九二五年，自念體力漸衰，毅然辭去各項職務。一九三〇年於北平寓所成立「師古堂刻書局」，先後編刻叢書五十餘種，包括經、史、子、集各部，如《論語分類講誦》、《周氏師古堂經傳簡本》、《古訓萃編》等。一九三八年，周學熙的「師古堂」開設「講課」，禮聘當時的宿儒名家教授，如桐城馬岵庭講授孝經、性理、古文等經典，上虞俞巨滄訓經義、評文字，如是者將近一年時間。晚年則以讀經、賦詩和念佛自遣。一九四七年九月二十六日，病逝於北平寓所。著有《周學熙集》、《止庵詩存》、《周止庵先生自敘年譜》等書。

而周學海有五子七女，五子是明達、明逵、明揚、明枬、明雲（後改名雲，又名運），是為第三代「明」字輩的。長子明達（後改名達，字今覺）是著名數學家和郵票大王，是周叔昭的父親，我們在下一章專門再談，先談周叔弢，也就是周一良的父親。

周學海的三子明揚（一八九一—一九八四），後改名暹，字叔弢，知名度最高，既是著名實業家，又是一代藏書大家。他隨叔父周學熙在青島創辦華新紗廠，任專務董事。以後歷任唐山華新紗廠經理，天津華新紗廠經理，啟新洋灰公司董事、協理、總經理、董事長，灤州礦務局、耀華玻璃公司、江南水泥廠董事，是中國北方民族工商業的代表人物。受家庭薰陶，周叔弢十六歲即開始購書藏書。在偶然機會購得張之洞的《書目答問》和莫友芝的《郘亭知見傳本書目》，按照書中介紹的書籍和版本，「開始了較系統地買書和藏書的生涯」。承清代藏書家黃丕烈、顧廣圻的遺風，周叔弢注重收藏宋元舊刻及名家抄校之本。他收書懸格極高，晚清著名藏書樓山東聊城楊氏海源閣舊藏的精品如宋刻「兩陶集」、元刻「詠梅雙璧」、元刻「詞集雙璧」等均為其所得。他提出收藏古籍善本的「五好」標準：第一：版刻字體好，等於一個人先天體格強健；第二：紙墨印刷好，等於一個人後天營養得宜；第三：題識好，如同一個人富有才華；第四：收藏印記好，宛如美人薄施脂粉；第五：裝潢好，像一個人衣冠整齊。由於有自己獨到的眼光，他所收藏的古書極其精善。一九四二年，周叔弢為生活所迫，出售百餘種明刻本，去書之日，他「中心依依，不勝揮淚宮娥之感」，後來又從得書人手裡買回明嘉靖刻本《齊乘》一書，以作紀念。在回購書的題跋中，周叔弢記下當時的心境：「贖書一樂，故友重逢，其情彌親也。」這一段書林佳話，足見周先生愛書之忱。而當年為得北宋刻本《王摩詰文集》，周先生與海源閣後人楊敬夫商談達一年之久。一九八二年，已九十二歲高齡的周叔弢得見此書影印本，仍興奮異常，當即寫下一篇題跋說：「今見此影本，如晤故人，數十年前光景恍然在目。國家重視文物，化身千百，嘉惠士林，可為此書慶，我一人欣然歡呼，烏足以盡之。」其愛書之情，實令人敬仰。

他的藏書有上起宋代下迄民國的各類書籍三萬七千餘冊，內有不少宋、金、元、明、清各代孤本、善本等稀見珍品，此外還收羅戰國以來古代印璽近千方，印譜一百多部。周叔弢還校勘古籍善本，是近現代藏書家中為數不多的校勘學家之一。周叔弢最小的兒子周景良就說過：「我父親三十八歲的時候我出生的，等到我記事，他大概四十多歲了，白天出去上班，晚上六點多回來，就在自己的書屋裡看書。現在天津圖書館要在國家圖書館出版社出我父親校勘過的書，第一批共有四十多種。這是他什麼時候幹的？一看就是那個時候。我們當時都沒注意到，他就躲在那間屋裡『精心研考』，『不輟丹鉛，手校群書』。」周叔弢一生藏書以萬卷計，他把藏書積累起來的豐富經驗和精深學識，撰寫成《善本書目》和《談書》兩部著作，以嘉惠後學。

周學海的四子明枏（一八九三—一九三七），後改名進，字季木。是一位金石學家，精於文物鑑定，富收藏。一九一五年冬，他從一位姚姓藏家手中購得刻石五種，其中一塊為漢代石刻，這使他收藏欲望大增，也為他打開「居貞草堂」藏石之門。收得多了，眼界大增，對藏品的要求也日益提高，並以晉為石刻收藏下限。除三代彝器、印璽、封泥外，主要收藏漢、魏、晉三朝代的石刻，這在清朝末年端方（午橋）以後，他是第一人，也許是僅有的人了。周一良在《鑽石婚雜憶》說：「四叔父喜歡金石之學，所藏漢晉石刻甚多，方地山先生贈他的對聯有『所得漢碑堪作屋』之語。商承祚先生贈以手寫篆書橫幅，稱『二百漢晉石齋』。在天津時，曾選印成《居貞草堂漢晉石影》，由柯鳳孫老先生題寫書名，他命我寫扉頁背面記載印行時問、地點的幾個字，我因楷書太差，就用笨拙的篆書寫了，這是我的篆書首次印刷出來。」周季木英年早逝，一九三七年去世時只有四十四歲。日本侵華期間，周季木盡力保護所藏古物，不使落入敵寇之手。一九四九年後，其子女們將父親所珍藏的漢晉碑石等文物全部無償捐獻給國家，現保存於中國歷史博物館。著有《季木藏印》、

《新編全本季木藏陶》、《居貞草堂漢晉石影》、《魏石經室古璽印景》、《周季木遺墨》等。

周學熙的長子明泰（一八九五—一九九四），字志輔，是戲劇文獻收藏家，他蒐集上萬張清末民初的戲單，人稱「戲單大王」；他的一些品位極高的封泥珍藏，就是堂兄周季木讓給他的，依據這些藏品，他編成《續封泥考略》六卷、《再續封泥考略》四卷。但他在收藏上最大的成就，還是戲劇文獻的收藏。周志輔對中國戲劇有一種特別情結，與名角楊小樓、梅蘭芳、余叔岩、尚小雲等的交往，使他在戲曲理論研究方面更上一個層次。他為收集戲曲圖書資料，常常置千金而不顧。所藏許之衡飲流齋原抄本《五福記》、《金丸記》，乾隆內廷精抄本弋腔《江流記》、崑腔《進瓜記》等，都是難得一見的曲目珍品。這些以「幾禮居藏書」、「至德書屋世故本」冠名的珍貴戲劇圖書資料，後來分期分批均捐獻給國家，現分別藏於上海圖書館、中國京劇院等地。一九四九年他由上海移居香港，後定居美國華盛頓，閉門著述，潛心學術，著作甚多，在戲曲方面，造詣博精著述尤豐，有《元明樂府套數舉略》、《續劇說》、《續曲類稿》、《幾禮居隨筆》、《明本傳寄雜錄》、《枕流答問》等，另有《幾禮居叢書》六種：《都門紀略中三戲典史料》、《道咸以來梨園繫年小錄》（該書後在香港更名《京戲近百年瑣記》再版）、《五十年來北平戲劇史料》、《清升平署存檔事例漫抄》、《近百年的戲劇》、《楊小樓評傳》、《幾禮居雜著》等，其中《道咸以來梨園繫年小錄》，輯錄了嘉慶十八年至二十一年（一八一三—一八一六）北京戲曲界的資料，為其他書籍記載所無，極受學者重視。

周學熙的三子明夔（一八九九—一九七〇），字志和，後改名叔迦。早年肄業於上海同濟大學工科，先後創辦機器廠和實業，然時事弄人，最終他所創辦的企業先後

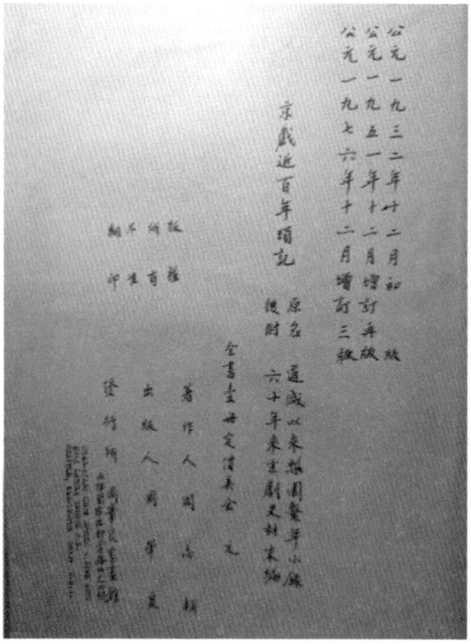

公元一九三二年十二月初版
公元一九五一年十二月增訂再版
公元一九七六年十二月增訂三版

京戲近百年瑣記

原名 道咸以來梨園繫年小錄
附 六十年來京劇史料末編

全書壹冊定價美金 元

著作人 周志輔
出版人
發行所

版權所有 不准翻印

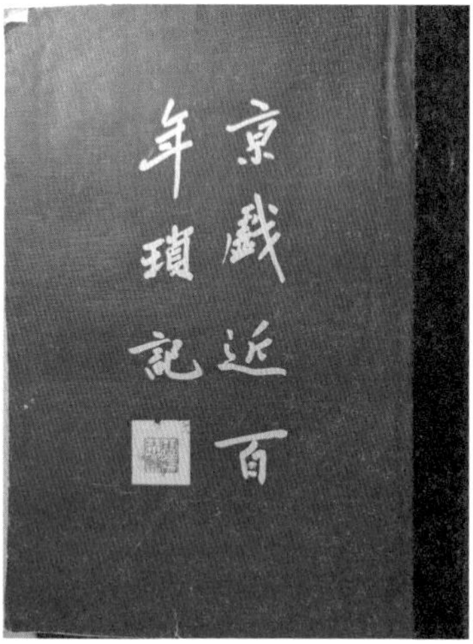

《京戲近百年瑣記》

破產。於是隱居青島，潛研佛學。一九一九年在青島開辦佛學研究社，後改組為青島佛學會。一九三〇年至北京後，先後在北京大學、清華大學、中國大學、中法大學、輔仁大學、民國大學等校講授佛學。一九四〇年，他建立居士林圖書館，所藏經書萬餘卷，全部公開借閱。次年，成立中國佛學研究會，主編《微妙音》、《佛學月刊》和《中國佛教學院年刊》等六種佛教刊物，刊發大量佛學研究論文。四〇年代，又協助史學家陳垣（援庵）整理敦煌石窟所藏經卷，確定多部經卷名稱，撰寫逸經跋文，貢獻極多。他曾著有《中國佛教史》和《中國佛教簡史》，闡明中國佛教的源流和演變，以及在歷史上和學術思想上的作用，觀點獨樹一幟，自成一家之言。另有關於佛學論著十餘部，論文五十餘篇。一九五六年為印度摩訶菩提會推為終身會員。一九七〇年因病逝世。

周馥家族的第四代，是「良」字輩的，更在中國文化學術界人才蔚起，大放異彩。而這一輩枝繁葉茂，人數眾多，我們只談周今覺和周叔弢的子女，而周今覺的子女也就是周叔昭女士的兄弟姊妹，我們放在下一章再介紹，我們先看周叔弢的子女，這也就是周叔昭女士的堂兄弟姊妹，是往來較為密切者。

周叔弢有七子三女：長子一良、次子玨良、三子艮良、四子杲良、五子以良、六子治良、七子景良、長女珣良、次女與良、三女耦良。

周叔弢長子周一良（一九一三—二〇〇一）是史學大師，幼時打下深厚國學功底，後又接受新式教育，一九三〇年入燕京大學國文專修科，一九三一年入輔仁大學歷史系。次年轉入燕京大學歷史系。一九三六年任中央研究院歷史語言研究所助理員。一九三九年到美國哈佛大學研究院，入遠東語文系主修日本語言文學，開始學習梵文。一九四四年獲博士學位。一九四六年回國任燕京大學中文系副教授，次年任清華大學外文系教授，一九四九年轉任歷史系教授，並兼任系主任。一九五二年以後，任北京大學歷史系教授，兼任中國古代史教研室主任、亞洲（亞非）室教研室主任、歷史系副主任、主任，多次到亞洲、歐美等國家和地區講學和進行學術交流。他精通多門外語。他在魏晉南北朝史、世界通史、日本史、亞洲史、敦煌學等學術領域頗多創獲，是中國史學界的泰山北斗。季羡林曾這樣回憶周一良：「中年後他專治魏晉南北朝史，旁及敦煌文獻，佛教研究，多所創獲，巍然大師，海內無出其右者。」學者謝泳認為周一良先生本來在學術上是可以大有作為的，但「我在讀他晚年寫的自傳《畢竟是書生》時，能感到他對自己的一生是有遺憾的。他從哈佛回來的時候，才三十三歲，如果不是很快失去了學術環境，周先生在史學上的成就要比現在更令人敬佩。周先生的遺憾不僅是他個人的，而且是一代知識分子的共同命運。」對於周一良後來成為人所批評的「梁效」組，謝泳說：「周先生在運動後期和馮友蘭、魏建功、林庚三位老教授成了『梁效』寫作組的顧問，何以如此，個人應當在其中承擔什麼責任，恐怕一時難以說清。我曾想過去做這樣一個研究，就是將『梁效』和『石一歌』做為兩個個案，詳細分析捲入其中的學者的命運，但這樣的研究須在歷史檔案完全解禁的條件下才有可能，所以只好擱置了，但對和周先生有同樣經歷的人，我們還是要先有同情和理解，再進行深入研究。」

周叔弢次子周珏良（一九一六—一九九二），一九三五年進入清華大學外國語言文學系，這一班學生中，王佐良、許國璋、李賦寧和他日後都成為了外語教學界泰斗。王佐良曾說，搞比較文學，建立普遍詩學，周珏良是最有資格的，因為學外國文學的沒有他中文根底深，學比較文學的沒有他外文修養好。他一九四七年赴美國芝加哥大學深造。回國後進入北京外國語學院英語系擔任教授。但很長時間裡，他連文學課都很少有機會教，多數情況下教的是語言，而且還數次被外交部借調去擔任翻譯。他常常是被突然調走的，有時說明讓他去幹什麼，有時什麼也不說，走多久也不知道。回來後他也遵守紀律，守口如瓶。他給毛澤東做過口譯的事，就是在毛澤東去世後他才告訴夫人方緗的。抗美援朝後期，他被調到朝鮮，參加朝鮮停戰談判的翻譯工作。中共八大邀請了很多外國政黨代表團和記者參加，他擔任大會同聲傳譯。一九六一年，陳毅率團參加日內瓦會議，他隨團前往。做政治翻譯尤其是口譯很難，有些外國首腦說話有口音，說話難懂極了，而中國領導人的外交辭令及語氣又需要找到合適的詞彙以把握分寸，聽、記、想、說要同時完成。一九七五年，周珏良調入外交部翻譯室，擔任副主任。那時他已年至花甲，不再擔任口譯，主要參與了《毛澤東詩詞》、《毛澤東選集》第五卷和《周恩來文選》上卷英譯本的定稿工作。他的理論專著有《馬克白的悲劇效果》、《畢利．伯德的一種讀法》、《中國詩論中的形式直覺》等，譯著有《〈李爾王〉分析》、《濟慈論詩書簡》、《蒙太古夫人書信選》、《水手畢利．伯德》等，一九九四年出版《周珏良文集》。

周叔弢四子周杲良（一九一八—一九九八），一九三八年入燕京大學心理系，一九四三年畢業於成都燕京大學，一九四六年入美國哈佛大學為研究生，一九五〇年獲哲學博士。一九五四年任芝加哥大學生理系助教授，一九六一年任史丹福大學醫學院神經系副教授，一九六六年任教授，一九八四年退休。為著名神經生理學家，主要研究大腦神經視察系統的生理學和解剖學；學習和記憶的神經基礎；大腦和丘腦的結構。共發表論文一百二十多篇。

周叔弢五子周以良（一九二二—二〇〇五），著名植物學家、林學家、生態學家。一九四一年九月至一九四九年八月先後就讀於輔仁大學生物系、燕京大學生物系和清華大學生物系。畢業後先後在哈爾濱市東北農林植物調查研究所和中國科學院林業研究所任助教，一九八五年一月起任東北林業大學植物研究所所長、博士生導師、植物學國家重點學科帶頭人，森林植物生態學教育部重點實驗室學委會主任。半個多世紀以來，周以良先後主編或合編學術專著二十多部，在國內外學術刊物上發表學術論文一百餘篇，受到國際學術界的普遍讚譽。周景良說：「我們十個兄弟姊妹裡頭，真正有國際影響力的，他是其中之一。……植物學家發現一個新物種就算是成就，他一生一共發現了七十多種。但在中國他當不上院士，互相排擠，被摁住了不讓出頭。在外頭，國際上的榮譽倒一大堆。所以杲良從國外回來，說老六在國外很有名，你們知不知道啊？結果我們沒一個人知道。」

周叔弢七子周景良（一九二八—二〇一九），一九四五年先入輔仁大學，旋再考入燕京大學，一九四六年轉入清華大學哲學系學習分析哲學，深得金岳霖、沈有鼎兩位先生賞識。一九五〇年畢業後，考入北京大學物理系學習，畢業後分配至中國科學院地質研究所。一九五六年被選派留學蘇聯，獲副博士學位後，在蘇聯科學院晶體研究所從事研究工作。一九六二年回國，任中科院地質研究所研究員，是中國使用電子衍射分析晶體原子結構之第一人。

周叔弢長女周珣良，一九三九年肄業於北平中國大學化學系，一九四四年於輔仁大學教育系畢業，周景良說：「大姊周珣良是家裡第一個女孩，她什麼都不在乎，喜歡玩，沒有『哥哥念書好，我也要跟著念』的意思。但她是很有才華的，不至於像很多愛玩的人那樣考不及格，她的學習成績都還不錯。……她考試前一天晚上還在看小說，巴金的《家》，看到天快亮了才睡，結果起晚了，錯過了考試時間。她就是這樣的不在乎。後來她讀了輔仁大學教育系。在那兒她有個要好的朋友，是張學良手下最主要的師長王以哲的女兒王育罄，經王育罄介紹，她認識了我姊夫寧致遠，兩個人就這樣結婚了。」

周叔弢次女周與良（一九二三—二〇〇二），一九四六年畢業於輔仁大學生物系，獲學士學位。一九四八年畢業於燕京大學生物系，獲碩士學位。周與良在燕大讀碩士研究生後不久，就與青年詩人穆旦（原名查良錚，一九一八—一九七七）相識，穆旦也是在天津出生並長大的，比周與良年長五歲，穆旦與周與良的二哥周珏良曾是清華大學外文系的同學。周與良一九四九、一九五二年先後獲美國芝加哥大學理科碩士學位、植物病理學和哲學雙博士學位。曾任芝加哥大學助理研究員。一九四九年十二月在美國佛羅里達州和穆旦結婚。一九五三年回國。他們夫婦被分配到南開大學工作，周與良擔任生物系副教授，穆旦則擔任外國文學系副教授，夫妻倆以滿腔的熱情投入到教學之中，穆旦還以極大的熱情開始從事俄羅斯文學的翻譯。一九五八年底，穆旦參加中國遠征軍的歷史再次被深度追究，並被天津市中級人民法院以「歷史反革命罪」的罪名，被判處「接受機關管制，監督勞動三年」，從此穆旦被逐出南開課堂，在校圖書館和洗澡堂接受監督勞動，其詩歌、翻譯作品、研究論文皆被禁止公開發表。一九六八年底，周與良也被隔離審查，並被定性為「美國特務」，不久，穆旦與周與良一起被下放到河北保定地區勞動改造。穆旦於一九七七年病逝。一九八〇至一九八一年，周與良曾前往美國德克薩斯大學、雷茲大學和華盛頓大學擔任訪問學者，以了解其專業領域的發展情況。二〇〇二年五月一日，在美國探親旅遊的周與良卻不幸因病去世，二〇〇三年九月二十一日，他們夫婦骨灰合葬在北京萬安公墓。周與良著有《真菌學》、《高級細菌遺傳學》，譯有《分子微生物學》。

除此而外，其他各房各支也是人才輩出，如周叔迦的長子周紹良是著名的紅學家、文物收藏家和鑒定家，家學淵源。早年師從唐立庵、謝國楨、陳垣諸先生。二十世紀八十年代初，出任中國佛教圖書文物館首任館長。曾任中國《紅樓夢》學會常務理事、中國唐史學會副會長、中國敦煌吐魯番學會語言文學分會會長。其研究領域十分廣泛，尤其是在佛學、紅學、敦煌學、唐史研究及古文獻學等方面，更是造詣很深，獨樹一幟，影響遠播海內外；其於清墨的收藏與研究，更堪稱當代之大家；周志俊之子周棨良是高級工程師，曾擔任甘肅省建築設計所所長；周明和之子周驥良是著名文學作家等等。

第二章

我的父親：郵票大王周今覺

周叔昭說她的童年是在上海西摩路一座三面臨馬路，日本式的大花園裡度過的。據查考那花園占地五畝，中有小橋流水、假山、池塘和亭台樓閣，還有三棟不小的樓房。其實她的父親周今覺在少年時就離開安徽，隨著祖父周馥到北京，一八九二年才隨父親周學海遷揚州（揚州有「小盤谷」名勝，為周家祖居）。一九一一年那年，周今覺虛歲三十三歲，才舉家遷到上海。在一九一四年前是卜居愛文義路（今北京西路），可能那時周叔昭年紀甚小，已不復記憶。一九一四年至一九三〇年就住在上海西摩路一四一號。周叔昭說：「我在十八歲那年和五妹、二哥、大哥、大嫂離滬赴津。家裡的人越來越少，父親賣掉西摩路的大房子，遷入一棟精緻的小洋樓。」到了一九三〇年十二月，周今覺搬到愚園路二八六號，但僅一年，一九三一年十二月，他又搬到法租界馬斯南路八十八號（馬斯南路於一九四三年十月更名為「藍田路」，今稱「思南路」），一九三四年十二月，又一次搬家，搬到法租界拉都路四七五號（拉都路於一九四三年十月更名為「襄陽路」）。周今覺一九三二年的詩有「三年三徙知何意，輸與營巢燕燕忙」，又一九三八年詩前有小序曰：「庚午（按：即一九三〇年）貸宅以後，四歲三遷，曾戲刻『居無廬』三字小印。」足見，三〇年代初，周今覺在上海經營事業失敗，於是賣居所抵債，因此經常搬家。

周今覺（一八七九—一九四九）是周馥的長孫，周學海的長子。但他身居書香之家，卻不喜歡八股文，獨好數學，他鑽研尤勤尤深，從《周髀九章》到清代徐有壬、李善蘭的著作，都仔細研究，並自學外文，直接閱讀西方現代數學原著。在一八九八年，他二十歲時就寫出《勾股三角整數術》，次年發表《三角和較算解》，後者由華蘅芳作序。一九〇〇年完成《平圓互容新義》，為中國最早研究初等幾何作圖題的論文。他同年在揚州創立中國最早的數學學術團體——知新算社，此後還兩次去日本考察和交流算學。一九〇三年他發表《調查日本算術記》和《知新算社課藝初集》兩部專書。一九〇四年在日本著作《巴氏累圓奇題解》和《圓理奇核》兩書，並譯成日文出版。在上海，周今覺與當時第一流的科學家取得了聯繫，積極參加中國科學社的活動。中國科學社是當時中國最高的科學研究團體，在一九一八年該社的首屆國內年會上，周今覺被推選為特殊社員，這是一種很高的榮譽稱號。一九二八年，他將數學書刊五四六種二三五〇冊贈給中國科學杜。一九三一年屬於中國科學社的明復圖書館落成，在其中闢專室收藏周今覺捐贈書籍，名為「美權圖書室」。周景良談到這位大伯父時說：「江蘇教育出版社出的《中國現代數學家傳》，一套五本，裡面有他的傳。而中國的數學學會成立的時候，他也是最早的董事之一，還捐了自己的一些書，成立了一個圖書室，供大家使用。現在對他的評價是『先驅人物』。他作詩是四十歲以後，但很快就得到了認可。鄭孝胥對他的詩評價很高。他跟鄭孝胥、陳石遺、陳曾壽這些人都唱和過，陳曾壽還給他的詩集作過序。王揖唐的《今傳是樓詩話》提到過他。陳聲聰的《兼于閣詩話》也有一條說起他，但沒誇他，說他的詩作得有些死板。錢鍾書的《容安館札記》裡也有一條專門講周達的詩。」（按：周今覺有《今覺庵詩集》四冊。）

周今覺的走上集郵之路，可說是「無心插柳柳成蔭」，一九二三年，那年他已四十五歲，他的三兒子周煒良患病，在家臥床休養無聊，他遂前往靜安寺路跑馬廳買外國郵票給兒子解悶，剛好周煒良的家庭英語教師也是集郵迷，於是出示自己的郵票共襄盛舉，並向周氏父子講述集郵知識和方法，周今覺集郵之志既定，便不惜巨資，開始搜購中國郵票。他先從在上海的外國集郵者開始著手，一九二四年夏，周今覺經外國集郵家施開甲（R.E. Scatchard）介紹，以一千英鎊買下了英國集郵家勒夫雷司（Love lace）的華郵遺集。一九二七年更以兩千五百兩紋銀（那時一個銀行職員的月收入才三十元，可以養活五口之家，兩千五百兩紋銀約合三千五百元，夠這樣的家庭生活近十年）從費拉爾（R.A. de Villard）遺孀手中購得當時被稱為「東半球最罕貴之華郵」——

「紅印花小壹圓四方連」，使已流入外國人手中的清代名貴郵票，重新回到中國人手中，這也成就周今覺「郵王」的地位。周今覺最重要的藏品，除了上述「紅印花小字當壹圓」四方連之外，另有「萬壽第二版新票方連全套」、「官門倒」雙連、「老闆帆船三分暫作倒蓋四方連」等等，每件都是價值不菲的華郵珍品；大龍郵票則多至千餘枚，還有泰國、朝鮮、日本等國的郵票珍品。一九二五年他在上海創立中華郵票會，任會長，出資並主持編輯出版會刊《郵乘》。一九二六年十月，《郵乘》作為美國紐約萬國郵展競賽級展品，獲銅獎，這是中國在國際郵壇上第一次獲得的榮譽。一九二七年九月，周今覺被選為英國皇家郵票會會員。一九三〇年九月，被聘為德國柏林國際郵展中國董事。一九三一年二月十二日，英國皇家郵票會代表大會推選周今覺為該會會士。凡為英國皇家郵票會會士，可在名字後加FRPSL。這在世界集郵界是一個光榮稱號。一九三三年六月，被聘為奧地利維也納國際郵展證判員和中國董事（因病未赴會）。在國際活動中，他為了維護中國尊嚴，對國際郵壇曾出現貶低華郵國際地位的做法，奮力抗爭。周今覺曾當選英國皇家郵票會會員、英國皇家郵票會代表大會會士，一九三六年美國紐約萬國郵票展覽會開幕，周今覺再次被聘為評審員，曾在展覽會上為中國郵票爭得金牌級的位置。

周今覺有三子八女，三子：長子震良（乳名，果孫）、次子煦良、三子煒良；八女：長女孟芬（乳名，引孫）、次女仲蕙（乳名，佑孫）、三女叔蘋（乳名，棣孫）、四女叔昭（乳名，荃孫）、五女叔嫻（乳名，旺孫）、六女叔蘅（乳名，艮孫）、七女稚芙（乳名，浦孫）、八女稚瓊（乳名，婷婷）。其中在不同的領域裡表現也相當傑出，我們也擇要加以介紹。

周震良（一九〇三—一九八一）字伯鼎。畢業於交通大學電機系，一九五二年任山東工學院電機系教授。周景良說他這位堂兄：「他這個人脾氣很耿直，口氣很大，自視很高，他對書法的研究，自認為是科學分析，他是工科教授，但是癡迷於書法。我見到他的時候很晚了，我現在說的他的事情，有好多是聽我父親和珏良轉述的，現在我這兒還有一沓他的信還沒有整理，他晚年經常給我父親還有珏良寫信，談他對書法的體會。他下的功夫極深，尤其是研究毛筆。敦煌寫經的字，特別是六朝寫經的字，字體是很別致的，據他研究，這和筆有關，用特製的筆，很容易寫出那個樣子來。」

周煦良（一九〇五—一九八四）是著名英國文學翻譯家、教授、詩人、作家。一九二四年畢業於上海大同學院，一九二八年畢業於光華大學化學系，一九三二年又畢業於英國愛丁堡大學文學系，獲文科碩士。歷任暨南大學、四川大學、光華大學、武漢大學及華東師大教授、系主任，上海《外國哲學社會科學文摘》副總編輯。中國作家協會上海分會書記處書記，上海文聯副祕書長，全國第五屆政協委員。一九三四年翻譯了英國天體物理學家秦斯的《神祕的宇宙》，這是他從事翻譯的開始。一九三六年他應《新詩》主編戴望舒之邀請，為紀念英國現代詩人霍思曼（A.E. Housman, 1859-1936），選譯他的七首詩，但卻被他的詩所打動，遂決心翻譯他的詩集《西羅普郡少年》（*A Shropshire Lad*），但他從沒想到這本詩集從一九三七年開筆翻譯，隨著譯者闖蕩南北東西將近半個世紀，直到一九八二年初，周煦良才將在一九四八年譯完的詩稿又從頭到尾校改一遍，一九八三年十一月中譯本終於出版了，次年一月二十日，周煦良接到出版社寄來的書，他在病床中，讓兒子托著，用顫抖的手提筆題贈給他的摯友華東師大施蟄存教授，沒有人知道這竟是周煦良的最後絕筆，兩天後他逝世了。周煦良的一生，是長期從事外語教學和譯著的一生，他的譯著從社會科學到自然科學，十分寬廣，但他始終都兢兢業業，一絲不苟，如他在翻譯霍思曼的詩歌時，斟詞酌句，反覆推敲以尋求最完美的表達，一首十二行詩，竟然譯了一個月。他以凝練生動的筆觸譯出這些偉大的著作，如一九三二年諾貝爾文學獎得主、英國作家高爾斯華綏的《福爾賽世家》

三部曲（包括：《有產業的人》、《騎虎》、《出租》），還有《地球末日記》、《活命的水》、《金羊毛的國土》、《天邊燈塔》、《封鎖期間的列寧格勒》、毛姆的《刀鋒》等小說。和《美學三講》、《存在主義是一種人道主義》、《關於托勒密和哥白尼兩大世界體系的對話》等哲學方面的譯作。

周煒良（一九一一－一九九五）是著名華裔數學家，二十世紀代數幾何學領域的主要人物之一，在世界數學領域頗具影響的華人數學家。他一九二四年自費留學美國，一九二八年入肯塔基大學學經濟學，一九二九年轉入芝加哥大學，改攻物理學。一九三二年前往當時的世界數學中心哥廷根大學，後又入萊比錫大學，隨凡・德・韋登研究代數幾何學。並在德國和馬戈特・維克托小姐認識，為此周煒良滯留漢堡大學，他與同庚的中國數學家陳省身同住一室，他倆情同手足，結下深厚的友誼。他於一九三六年獲萊比錫大學數學博士學位，隨後和馬戈特・維克托結婚，婚禮上陳省身是唯一的中國賓客。同年回國，擔任南京中央大學數學系教授。一九三七年抗戰爆發後，因家庭原因，不得已回到上海。一九四六年春，陳省身力勸他重返數學研究，次年他到美國普林斯頓大學，重返離開了十年的數學界。一九四九年起執教於約翰斯・霍普金斯大學，一九五五年起任霍普金斯大學數學系主任十一年，一九五九年四月當選為第三屆台灣中央研究院數理科學組院士。一九七七年，周煒良退休，成為霍普金斯大學的榮退教授，一九九五年八月十日逝世於美國。後來以周煒良名字命名的數學名詞見於許多代數幾何學的專著、教材及數學辭典，僅《岩波數學辭典》（日）中就有七個之多，這應該是更有意義的永恆的褒獎。周景良說：「周煒良二戰後定居美國，《胡適晚年談話錄》裡幾次提及他，是世界級的大數學家，代數幾何學的領軍人物。陳省身屢次寫文章宣揚他。陳省身是這樣評價他的：『煒良是國際上領袖的代數幾何學家。他的工作有基本性的，亦有發現性的，都極富創見。中國近代的數學家，如論創造工作，無人能出其右。』」

周叔昭在〈春節憶舊〉一文中說：「大概是我十二三歲的那年，在一個喜慶日（不記得是一位長輩過整壽，還是有人結婚），我和二姊、三姊一律穿著白軟緞，繡大紅花，圓下襬的短襖，和同樣質料的長褲；三條烏黑的，綁著紅毛線的大辮子垂過腰際。一位來賓走過來，上上下下打量了我們一下。『好標致！』他笑著說，『真是秋水共長天一色』。」在八個女兒中，個個氣度不凡，其中老三周叔蘋和老七周稚芙被稱為名媛。周叔蘋最出名，她長得漂亮，而且寫得一手好文章常見諸報端，在中西女中有「中西皇后」之美譽，還上過

《良友》的封面。著名的掌故家陳定山在《春申舊聞》中寫道：「上海名媛以交際著稱者，自唐瑛、陸小曼始。繼之者為周叔蘋、陳皓明。」因為中西女學的雙語教育，她愛上了英文原著翻譯。學習之餘，她開始嘗試翻譯一些英文短篇文學作品，甚至在林語堂主編的《西風》等高品位雜誌上發表。她翻譯的外國著名長篇小說《拿破崙和黛絲麗》，反響很好，說她是翻譯家毫不為過。她不僅名著翻譯遊刃有餘，在文學上造詣也極高，後來在台灣出版過好多本書。窈窕淑女，君子好逑。在眾多的追隨者中，富家子弟、工程師李宗侃最終抱得美人歸。一九四九年定居香港。作家樹棻在《上海往事——最後的媽祖卡》一書中寫道：「周叔蘋和我母親有超過半世紀的友誼，但奇怪的是我在上海時從未見到過她，我是在一九八三年初到香港時才見到母親的這位好友的。母親帶我去拜訪她時，要我喚她李auntie，並告訴我，她是一位作家。當時我只是感到這位auntie的穿著打扮和她的年齡不甚相稱……」因為，周叔蘋的打扮依然像少女一樣鮮妍，有時還濃妝豔抹，好像要去赴一場盛大的約會。即使晚年淒涼和落寞，年過八旬的她也依然每天認真地畫眉、塗唇、搽粉，穿上鮮豔奪目的流行時裝，在尖沙咀街頭踽踽而行，引得路人頻頻側目。當地居民和商店售貨員給她起了「老美女」的外號。

周叔昭在文章中說：「我在十八歲那年和五妹、二哥、大哥、大嫂離滬赴津。」至於什麼原因並沒有說明。而周一良的回憶錄《畢竟是書生》有說二〇年代後期，我的大伯父周達家的兩位堂兄（震良、煦良）和兩位堂姊（叔昭、叔嫻）從上海移居天津他家。他說：「我十六七歲時，天津的時髦女子開始流行燙頭髮，兩個來自上海的堂姊置辦了火剪自己燙著玩，也給我燙了一腦袋捲毛兒。」而周一良較晚出的回憶錄《鑽石婚雜憶》則說：「一九二八年，上海梅泉大伯（周達）的四個子女因與由側室扶正的繼母不和，一起到天津來投奔我父親，這就是梅泉大伯詩裡說的『南阮偏依北阮居』。來天津的有大哥震良夫婦及其子啟昆，二哥煦良，四姊叔昭，五姊叔嫻。二哥煦良和兩個姊姊都喜歡文學，他們的到來給我開了新文化的蒙，我開始看魯迅、沈從文的小說，同時也讀了胡適之的《中國哲學史大綱》這一類的書。」

一九二八年周今覺在《今覺庵詩集》有詩詠〈戊辰中秋憶震兒、荃女、旺女天津〉，其中荃女、旺女乃指荃孫（叔昭）、旺孫（叔嫻），詩云：

憂亂傷離更念衰，今宵酒醒最堪思。
淡黃月似翟曇面，孫落星如國手棋。

微滓太清終不損，逢辰秋士轉增悲。
遙憐萬里陰晴共，兒女鄜州解憶誰？

詩中流露出對天津兒女無比深切感懷之情。而每當在天津的兒女回上海探望老父時，周今覺總是十分高興，而在分別時更是依依不捨，其〈送荃、旺兩女北行歸途感賦〉一詩最能體現其情意：

北轅南轍各逡巡，送汝依依病後身。
骨肉已傷垂老別，江山猶伴獨歸人。
亦知墮地來憂患，翻羨承歡屬賤貧。
極目荒原寒吹裡，萬鴉如葉葉如塵。

由此易見，周今覺對天津二女感情非常深，其後多首詩作，如〈寄震兒荃女旺女天津，煦兒蘇格蘭，煒兒美洲〉等，此時兒女都不在身邊，震良、叔昭、叔嫻都在天津，而煦良、煒良也分別在英國及美國求學。

第三章

同學少年都不賤

周叔昭說她在天津南開大學讀了兩年後轉學燕京大學，與周叔昭應該是同時進入燕大的李素英（一九〇七－一九八六，筆名李素，她一九二九年考入燕大，先入英文系，第二年轉入國文系）在《燕京舊夢》一書中說：「此後的七、八年裡，名教授來自四方，真是群賢畢至，而全國菁英亦聞風而來，如同百川匯海，各方面均有長足之進步，因而人才輩出，聲名洋溢，可以算是燕大的鼎盛時期。」李素英又說：「燕京與哈佛大學的聯繫始於一九二九年間，為從事學術上的合作，變成立了一個『哈佛燕京學社』。這個社帶給燕大以充裕的經濟來源。……使一些名教授的待遇大為提高，同時又盡量減少授課的鐘點，讓他們有充分時間從事專門的研究，寫成的論文又可以在《燕京學報》和其他學術刊物上發表，兼可獲得稿費。」因此當時的燕大可說是名師雲集。首先我們提及這幾位師長，都是和周叔昭求學過程中有關的，或是在論文指導上，或在教學上，或在她的《留言冊》有題字者，當然有可能還有其他人，但因沒有留下任何蛛絲馬跡，我們就無法去查考了。

燕京大學正式成立社會學系是在一九二二年，美國社會學家步濟時（John Stewart Burgess）成為首任系主任，其他六名教師均為美國人。從一九二四年開始，燕大社會學系陸續聘任中國社會學家執教，許仕廉（一八九六－？）、李景漢等陸續進入燕大社會學系。許仕廉曾留學美國，獲愛荷華大學哲學博士學位。一九二四年回國後，被武昌國立師範大學聘為教授。同年任燕京大學社會學系教授，兼任余天休主辦的《社會學雜誌》編輯。一九二六年，許仕廉成為燕大社會學系的系主任，在此後的八年中，許仕廉帶領燕大社會學沿著「中國化」的道路逐步改革其早期服務於基督教的特徵，為燕大社會學中國化的快速發展奠定了堅實基礎。一九三一年，許仕廉進一步明確闡述了「本土社會學」的思想，即中國社會學的核心問題是用科學的方法認識中國社會和中國社會變遷的規律，從而「發明新的方法制度或態度去適應新的變遷」。至此，許仕廉正式將社會學原理與中國社會實際相結合，宣導「中國化」的社會學。

許仕廉

楊開道（號導之，一八九九—一九八一），一九二〇年考入南京高等師範學校農科，一九二四年畢業赴美留學，一九二五年在愛荷華州立大學獲得碩士學位。一九二七年在密西根州立大學獲得農村社會學博士學位。回國先後

吳文藻

楊開道

在大夏大學、復旦大學、國立中央大學農學院任社會學教授，一九二八年七月受許仕廉之邀，以副教授身分執教該系，講授農村社會學。一九二八年秋，在美國洛克菲勒基金會資助下，楊開道親自主持燕大社會學系學生開展清河調查，並於一九三〇年與許仕廉合作完成《清河——一個社會學的分析》（*Ching Ho: A Sociological Analysis*）；一九三三年代理系主任期間，楊開道也為燕大社會學系講授農村社會學、社會調查方法、社會工作實習等課。

吳文藻（一九〇一—一九八五）是一九二三年從清華學堂畢業後赴美國留學，在去美國的輪船上，與冰心（謝婉瑩，一九〇〇—一九九九）結識。隨後在潘光旦的介紹下進入達特茅斯學院社會學

冰心

系，插入本科三年級。一九二五年夏獲學士學位後又進入紐約哥倫比亞大學研究院社會學系，獲博士學位，並榮獲了校方頒發的「最近十年內最優秀的外國留學生」獎狀。在哥大學習期間，除了社會學專業的學習，吳文藻還旁聽了人類學系主任、美國歷史學派創始人博厄斯的人類學課程，他坦言人類學對他的影響很大。一九二九年夏獲博士學位，回國後，就在燕京大學任教，並在同年六月與冰心結婚。（冰心於一九二三年由燕京大學畢業後，到美國波士頓的威爾斯利學院攻讀英國文學，專事文學研究。一九二六年獲碩士學位後回國，就在燕京大學任教。）有學者指出燕大社會調查的這個面向，主要得力於被稱為「社會學中國化的奠基人」的吳文藻。正是他和其他一些燕大教師不斷培養和組織學生結合人類學方法深入實地，才形成了這批調查。一九三四年吳文藻出任燕大社會學系主任，他在燕大將近十年的工作主要是三件事：第一件事是講課；第二件事是培養專業人才，請進外國的專家來講學和指導研究生，派出優秀的研究生去各國留學，即「請進來」和「派出去」。比如，他曾相繼邀請拉德克里夫－布朗（A. R. Radcliffe-Brown）和羅伯特·派克（Robert Park）來華講學，並大力培養費孝通、林耀華、李安宅、瞿同祖等後輩成材；第三件事是提倡社區研究，「用同一區位的或文化的觀點和方法，來分頭進行各種地域不同的社會研究」。

嚴景耀（一九〇五－一九七六），一九二四年，考入燕京大學社會學系。一九二七年暑假，為獲取犯罪第一手資料，嚴景耀深入京師第一監獄，做一名志願犯人，與刑事犯人同吃同住，一同幹活，體驗鐵窗生活。一九二八年，嚴景耀在燕大社會學系畢業後，考取了研究生，同時擔任社會學系助教。期間，他率領學生對國內二十個城市的犯人進行調查，收集三百餘種個案資料。一九二九年，嚴景耀獲社會學碩士學位，在社會學系講授犯罪學。他寫有〈北京犯罪之社會分析〉、〈中國監獄問題〉、〈北平監獄教誨與教育〉、〈北平犯罪調查〉等多篇作品。嚴景耀在同情的基礎上進行細緻的社會學分析，寫成了基於對人的關切而進行的犯罪社會學研究，在燕京大學形成了一個重要的研究傳統，例如與嚴景耀同時有邊燮清基於對京師第二監獄的調查而寫的《北京犯罪之社會的分析》，其後有徐雍舜《東三省犯罪之研究》、嚴景珊《一個北平慣竊之自傳的研究》、周叔昭《北平誘拐的研究》、謝佑幼《女殺人犯的個案研究》、檀先璜《近今中國犯罪研究的分析》等畢業

嚴景耀

論文。一九三一年，嚴景耀赴美學習，一九三四年於芝加哥大學取得博士學位，博士論文的題目為《中國犯罪問題與社會變遷的關係》。一九三五年秋回國，出任燕京大學社會學系教授。一九四一年七月五日，與雷潔瓊教授結婚。

周叔昭在〈北平女性犯罪與婦女問題〉一文[1]中說：「十八年（按：一九二九年）冬，中央研究院舉行全國犯罪調查。作者襄助燕京大學教授嚴景耀君，擔任一部分北平女犯調查，根據該項材料，曾寫一文，〈由北平女犯調查所看到的婦女問題〉，載於《監獄雜誌》一卷三期。十九年（按：一九三○年）冬，作者更用自製之問題表百份，作較精細的社會與經濟調查，並試用個案方法，以探討犯人之犯罪經過，寫就學士論文《北平一百名女犯之研究》（此文已在《社會學界》，第六卷發表）。近數年來作者仍繼續努力搜集北平女性犯罪材料。本文便是〈由北平女犯調查所看到的婦女問題〉一文纂入新材料後的修正。」而《燕大年刊》（一九三一年）畢業紀念冊中有名「克思」者為她題了一段話說：「君性和煦，尤好分析，雖一夢之微亦欲窮其原委；對學問非常認真。她的女犯研究（學士

周叔昭

論文）在犯罪學上，極有幫助，分析犯人，較之二年前嚴景耀先生所作，更覺精確。平日調查貧民，孜孜不倦，著述散見各處，願其永遠以監獄作恩物，犯人為好友，未來的中國犯罪學家不是妳是誰？」文中提及的「二年前嚴景耀先生所作」是指嚴景耀的學士論文《北京犯罪之社會分析》，那是他在一九二七年暑假，在王文豹先生的介紹下，進入北京京師第一監獄與犯人同住、同食、同勞動，進行了大量訪談，完成了中國社會學史上最著名的參與觀察之一。嚴景耀在此次田野基礎上，結合政府的資料，最終寫成了此畢業論文，發表於一九二八年《社會學界》第二卷中。其實周叔昭對犯罪社會學、家庭社會學有著濃厚興趣，在這之前，她在一九三一年三月十六日《北晨評論》發表〈中國的假釋〉的長文，同年四月十三日又在《北晨評論》發表〈美國四十六州假釋法律的分析〉長文。

周叔昭在《北平一百名女犯之研究》中提到中央研究院發起全國犯罪調查的創舉，嚴景耀先生擔任河北、山西、遼寧三省的調查，她曾在北平和劉耀

1 發表於《東方雜誌》第三十一卷第七號，一九三四。

真女士調查了五十個女犯，劉耀真也是燕大社會系的，高周叔昭一屆，畢業後繼續攻讀社會系研究院。周叔昭對北平一百名女犯的研究，與嚴景耀對監獄及犯人的參與式觀察有著相似的研究方法。周叔昭在論文中提到，關於調查的範圍，可以分做三大方面：（一）北平女犯犯罪的概況；（二）犯罪原因的分析；（三）犯罪的影響。至於如何去操縱與犯人的談話，如何解釋調查的動機，如何去問話，是調查者所共知的技術，以調查的性質、地點、時間為轉移。

學者呂文浩指出燕京大學社會學系是當時社會學界的重鎮，任課教師吳文藻教授素以教課認真，指導學生有針對性著稱。一九三一年初發表的周叔昭的〈家庭問題的調查——與潘光旦先生的調查比較〉，起初是由吳文藻「家庭」班上的三個學生周叔昭、黃憶萱（家事系）、何貞懿合作進行，後何貞懿另擇他題退出，周、黃兩人合力計算統計，並在王承詩（物理系）、嚴景珊（社會系）等同學的幫助下，最後由周叔昭寫成調查報告。不但基本採用了潘光旦的調查表，而且處處以自己的調查結果和潘光旦的調查相比較。這份調查以潘光旦的調查為範本和比較對象，說明潘光旦的中國家庭問題調查，在社會學界具有一定的示範價值。

周叔昭一九三一年六月於社會學系畢業，她的《留言冊》也從一九三一年六月中旬登場，首先是同班同學徐雍舜，他是吳文藻的學生，後來在燕大社會系任教。吳宓一九四六年八月十日在重慶的日記云：「又訪徐雍舜，久談。明日，得睹徐君今之女友（亦如宓之彥）杭州人葉女士之玉照三幀，甚美，使宓感念今昔，比較人我，不勝悲鬱云。」徐雍舜在一九三一年六月十六日題：

同班同系，同志同趣。同住陋巷，同赴監獄。
無告為憐，囚徒乃恤。奔走調查，詢苦問疾。
炎暑弗休，風雪莫避。兩載於茲，未嘗稍息。
監獄雜誌，端賴鼎力。社會問題，尤者成績。
北晨評論，仰瞻才氣。鴻文巨製，愛莫言喻。
知之維艱，行也匪易。司法改良，首重監獄。
有志竟成，前途努力！

接著也是同班同學關瑞梧（一九〇七—一九八六），她一九三一年六月畢業於燕京大學社會學系，獲法學院金鑰匙獎；一九三三年獲美國芝加哥大

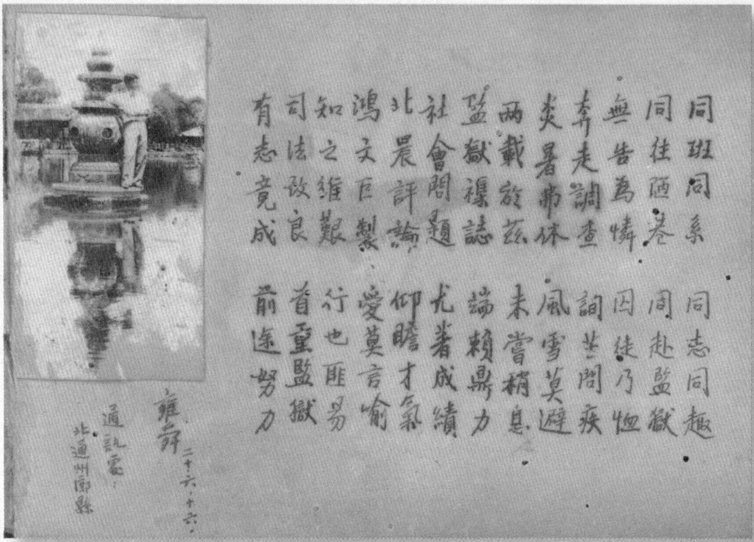

同班同系　同志同趣
同住陋巷　同赴監獄
無告為憐　囚徒乃恤
奔走調查　詢苦問疾
炎暑弗休　風雪莫避
兩載於茲　未嘗稍息
監獄雜誌　端賴鼎力
社會問題　尤著成績
北晨評論　仰瞻才氣
鴻文巨製　愛莫言喻
知之維艱　行也匪易
司法改良　首重監獄
有志竟成　前途努力

雍舜　二十六・十六・
通訊處：北通州[illegible]

徐雍舜題詞

學社會行政研究院社會學碩士學位。回國後在香山慈幼院做行政工作，後被聘為北平香山慈幼院第一校主任；一九四六年在燕京、清華、輔仁等大學授課，同時任北平師範大學保育系教授，一九五二年後任該校教育系教授。她於一九三一年六月十七日在《留言冊》題詞：

關瑞梧

叔昭：

你是特士的奇才，在你的姊妹行中，你是鶴立雞群般的高人一等，在同學中你有驚人的功夫和成績！希望你繼續研究你的工作，完成犯罪學未盡的學術，我們一同攜手到社會去！

瑞梧六月十七日

（永久通訊處：北平東四什錦花園六號）

周叔昭的同班同學譚紉就（一九〇八—二〇〇二）以英文寫了《老子》第六十七章一大段題詞：

"I have three things, which I hold fast and prize. The first is GENTLENESS; the second is FRUGALITY; the third is HUMILITY, which keeps me from putting myself before others. Be gentle, and you can be cold; be frugal, and you can be liberal; avoid putting yourself before others, and you can become a leader among men." ---- Lao Tzu ----

Tan Yen Chiu
Yenching University, June 1931
Address: 北平粉房琉璃街五十三號

（《老子》原文：
我有三寶，持而保之。一曰慈，二曰儉，三曰不敢為天下先。
慈故能勇；儉故能廣；不敢為天下先，故能成器長。
舍慈且勇，舍儉且廣，舍後且先，死矣。）

譚紉就一九三一年六月畢業於燕京大學社會學系，獲法學院金鑰匙獎。譚紉就的夫婿是同班同學鄭成坤，他是鄭德坤的兄長（鄭德坤比譚紉就早一年考入燕大研究院），抗戰期間譚紉就一家移居香港。關於譚紉就，後來也在香港的李素英在《燕京舊夢》這麼說：「原

譚紉就

來，紉就姊是吳博士的得意高足。她的冰心師母真是慧眼識英雌，對丈夫的這個女弟子格外關懷，另眼相看，久不久就寫條子署名『師母』，招她到家裡談談。她的畢業論文是《離婚問題研究》，師母一定是大為欣賞，故徵得她同意後，就介紹給女青年會出版部付印，使她既獲得鼓勵與信心，又賺得六十大元的稿費。紉就姊說當年她並非教徒，對女青年會也沒有印象，但由於與師母的緣，導致她結下這段緣中緣，從此她對該會發生了興趣。紉就姊的其他事業我不大清楚，在香港這二十餘年裡，我只約略知道她全神貫注地為女青年會服務，為社會謀福利，為青年教育及各種活動任勞任怨，竭盡忠誠，曾任該會總幹事及其他要職，常因公往歐美及海外各地出席各種會議，或策畫募捐等等，忙碌異常。有一段短時期，她兼任新亞書院英文科講師，恰巧就是小兒曾省

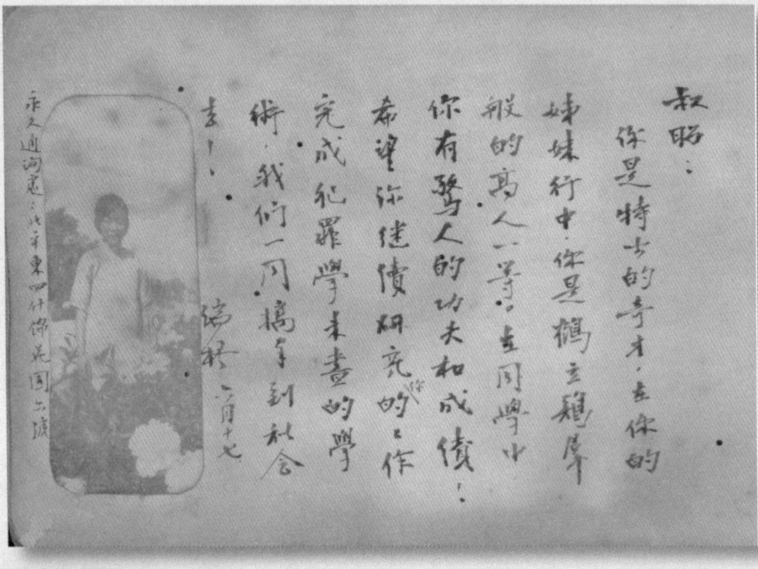
叔昭：
你是特出的奇才，在你的
姊妹行中，你是鶴立雞羣
般的高人一等。在同學中
你有驚人的功夫和成績！
希望你繼續研究的，作你
完成犯罪學未盡的學
術，我們一同搞到社會
去！
瑞梧 六月十七
永久通訊處：北平東四什錦花园六號

關瑞梧題詞

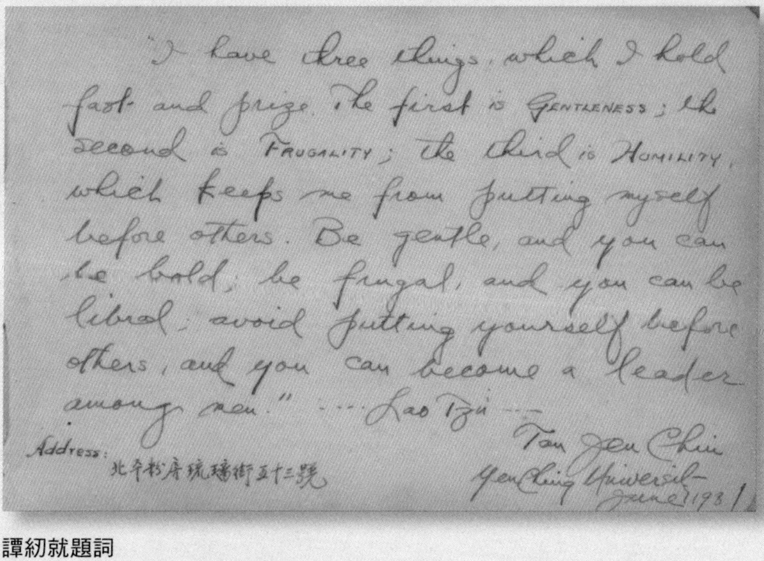
"I have three things, which I hold fast and prize. The first is GENTLENESS; the second is FRUGALITY; the third is HUMILITY, which keeps me from putting myself before others. Be gentle, and you can be bold; be frugal, and you can be libral; avoid putting yourself before others, and you can become a leader among men." ----Lao Tzu----

Tan Jen Chiu
Yenching University
June 1931

Address: 北平粉房琉璃街五十三號

譚紉就題詞

（按：李素英的夫婿曾特，也是燕京大學研究院的）的老師。她以熱心、才能、智慧、勤勞，獲致卓著的功績，成為香港婦女界領袖之一，因而獲得英女皇頒贈勳銜，榮任太平紳士。她當然是『志不在此』，所以在這花甲之年仍繼續為社會福利而努力奔走，不懈不息，她更曾任燕大香港校友會會長。」

而鄭成坤也於一九三一年六月二十四日在周叔昭的《留言冊》題詞：

Our duty is to be ? useful service,
Not according to our desire,
But according to our capacity!

Cheng Cheng Kum
Yenching
June 24, 1931
永久通信處廈門鼓浪嶼筆架山K二十六號

另一位同班同學黃迪（一九一〇—？）在一九三一年六月二十四日題

詞：

在我們許多次的見面中，我好像未曾看見叔昭同學有過不喜歡的神色，老是很和平似的，我希望這印象是不錯，因為大概心地和平的人才容易幹點切實的事情。我又希望叔昭同學的將來果證明這句話也不錯。

黃迪進入燕京大學社會學系後師從吳文藻，與費孝通（一九一〇—二〇〇五）、林耀華（一九一〇—二〇〇〇）、瞿同祖（一九一〇—二〇〇八）三人，並稱吳門四大弟子（也有「吳門四犬」之說，因為他們都是一九一〇年庚戌狗年出生的）。黃迪一九三一年學士畢業，隨後在燕京大學攻讀碩士學位。碩士畢業後，留校任教。這期間，他通過對清河試驗區的調查與總結，寫成〈清河村鎮社區——一個初步研究報告〉（一九三八）一文，提出了「村鎮社區」這一重要學術概念，同時指導學生對於平郊村的調查研究。一九四〇年代，黃迪前往芝加哥大學留學，後任職於聯合國，離開了學術界。

而周叔昭的人際網絡也不只限於社會系，如譚超英就是同屆國文系的。冰心在一九三一年《燕大年刊》（畢業紀念冊）有為譚超英題詞曰：「余初識

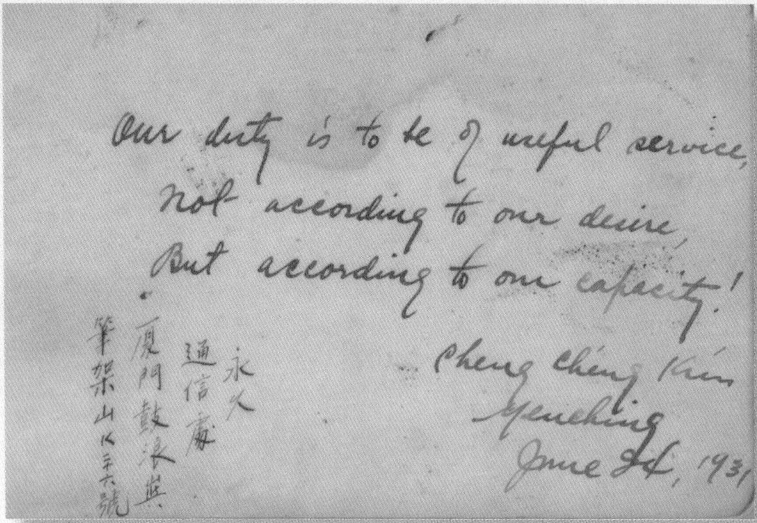
Our duty is to be of useful service,
Not according to our desire,
But according to our capacity!
Cheng Chéng Kún
Yenching
June 24, 1931

永久
通信處
廈門鼓浪嶼
筆架山K三六號

鄭成坤題詞

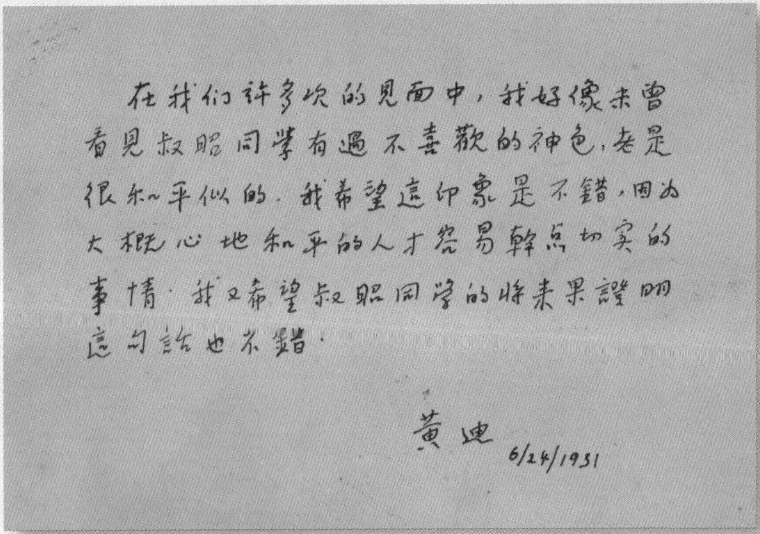

在我们許多次的見面中，我好像未曾看見叔昭同學有過不喜歡的神色，老是很和和平似的。我希望這印象是不錯，因為大概心地和平的人才容易幹点切实的事情。我又希望叔昭同学的將来果證明這句話也不錯。

黃迪

6/24/1931

黃迪題詞

君，閱君文章，多沉摯奇警語，過目遂不能忘。君常採花相遺，為安插瓶盌，斜橫有致，尤感君之高情逸趣也。去夏臥病，得君相伴逾月，乃稔君於奇、雅之外，尚有極溫柔敦厚者在！『不是逢人苦譽君，亦狂亦俠亦溫文』，此二語，先寫我心矣。冰心　二十年三月十九日」。譚超英

黃迪

一九三一年六月畢業於燕京大學國文系，獲文學院金鑰匙獎。而同為國文系的學妹李素英對她有更多的描述，因為她們兩人都喜好詩詞，她們都不約而同選修顧羨季（顧隨，號苦水，也是後來葉嘉瑩的老師）老師講授的「稼軒詞」。譚超英畢業後繼續進燕大研究院深造，一九三四年獲碩士學位。翌年她和同學陳觀勝結婚，陳觀勝一九〇七年生於夏威夷檀香山。夏威夷大學學士、燕京大學碩士、哈佛大學博士，主修佛教學與印度哲學。曾先後執教於夏威夷、燕京、加州、哈佛、普林斯頓等大學。其著作均為英文本，為研究中國佛教史而飲譽英語佛學界之中國學者。李素英在《燕京舊夢》書中說：「一九六九年夏，陳學長為搜集研究資料兼度假，由夫人陪同前往歐洲。不幸，超英姊因

膀胱宿疾復發，十月一日在巴黎某醫院開刀，竟一瞑不醒，與世長辭！……那年陳觀勝學長獨自回美後，就檢出超英姊遺下的著作，請好友謝扶雅夫人尹振雄女士代為編輯，並交託李曼瑰學長校正及在台灣付梓，於是一本大字精印的線裝書《清溪遺墨》就在一九七一年十二月面世了。內容豐富，包羅頗廣，有古體、近體律詩、絕句、詞、新詩等共一百十餘首，並有雜文七篇（包括〈給苦水先生〉在內），還有附錄。」在周叔昭的《留言冊》中譚超英題的不是古典詩詞，而是法國現代著名文學家、傳記作家羅曼·羅蘭（Romain Rolland, 1866-1944），在《約翰·克里斯多夫》裡的經典語錄：

譚超英

"To live, to live too much! .... A man who does not feel within himself this intoxication of strength, this jubilation in living – even in the depth of misery – is not an artist. That is the touchstone. True greatness is shown in this power of

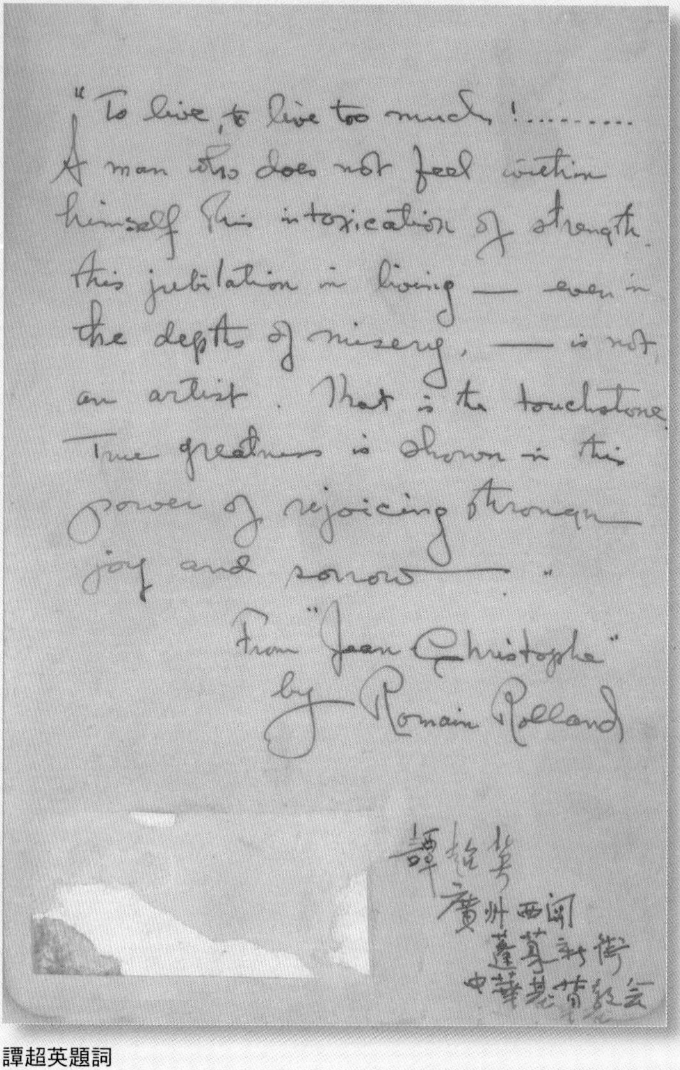
"To live, to live too much! ....
A man who does not feel within
himself this intoxication of strength,
this jubilation in living — even in
the depths of misery, — is not
an artist. That is the touchstone.
True greatness is shown in the
power of rejoicing through
joy and sorrow."

From "Jean Christophe"
by Romain Rolland

譚超英
廣州西關
蓬萊新街
中華基督教会

譚超英題詞

rejoicing through joy and sorrow."

From "*Jean Christophe*" by Romain Rolland

譚超英以英文題寫，最後才以中文簽名，並寫上「廣州西關　蓬蔦新街中華基督教會」

周叔昭在社會系的學弟楊慶堃（一九一一——一九九九）也在《留言冊》題詞說：

謙讓，虛心，而又卻明晰地洞察情理，這是我們看出來的叔昭的縮影。她常小心翼翼而又很明白地看事情，做學問，但卻常自己揀選一個很隱微的地位。人世的生活，原是有光亮和隱暗的兩面。在白熱的強光下的人們，原來都是迷離彷彿的。讓都在拚命地消耗精力，讓都像野馬地狂奔，沒有安靜，沒有深沉的思索，更沒有豐厚的蘊藉，但默然處在隱暗中的人們，卻能冷靜而超然地窺見光亮中一切的旋轉，同時又能看出陰影裡有什麼東西正在隱伏著，等候著。明靜的觀察，從容不迫的沉思，都叫她日後一投身於光亮中時，便成一個絕好的角色兒。光亮是叫人行動和消耗，隱暗是叫人潛思和積蓄著力量。然而一個人不能專安處在隱暗之中，因為積蓄的最終目標，還是在消耗。「叔昭那兒去了，怎這些日子總沒有看見她呢？」這是我們常問的一句話。

有關楊慶堃，據一九三〇年，由東吳大學醫科轉入燕京大學社會系二年級，在此後的三年中，都與楊慶堃同住一個宿舍的費孝通的回憶，他與楊慶堃兩人志同道合，都有著一個共同的心願，即要在社會學的知識積累上為人類作出貢獻。一九三二年秋，燕大社會學系邀請美國芝加哥大學社會學系的派克（Robert Park）教授到燕京大學授課，開設了「集合行為」和「社會研究方法」兩門課程。其中，派克在「社會研究方法」課程中所講授的「社區」研究方法，對於楊慶堃與費孝通都產生了深刻影響。一九三二年楊慶堃取得學士學位，一九三四年完成了碩士論文《鄒平市集之研究》，獲得社會學碩士學位。同時，他還與吳文藻、費孝通一同翻譯出版了《派克社會學論文集》。在翻譯的過程中，正是楊慶堃與費孝通一同確定了「社區」這一概念的譯名。碩士畢業後，他赴美國留學，進入美國密西根大學攻讀社會學哲學博士學位，並於一九三九年順利獲得博士學位。一九四四年他開始在華盛頓大學社會學系任教，一九四八年返回中國，在嶺南大學任教，一九五一年再度赴美，曾先後於麻省理工學院和哈佛大學擔任研究助理。一九五三年擔任匹茲堡大學社會學系教授，直到一九六四年離開前往夏威夷大學擔任社會研究中心研究員為止，這段期間他完成《中國社會中的宗教》等主要著作。一九六八年他自夏威夷大學返回匹茲堡大學，同時兼任該校與香港中文大學的社會學教授。一九八一年他從匹茲堡大學退休，轉任該校榮譽教授。一九九九年一月病逝賓州匹茲堡。

周叔昭同班同學林啟武（一九〇七—二〇一一），是泰國華僑，在燕大就讀時盡現體育才華，畢業前已在體育部兼職，協助工作。他在《留言冊》畫了一幅漫畫，描述周叔昭除了在《社會月刊》外，也喜歡拉拉胡琴、跳跳舞，但最主要的是在月黑風高的晚上還要忙於監獄的訪問調查工作。漫畫上簽有「林啟武寫於燕京，二十，六，二十日」的字樣。林啟武一九三一年燕大畢業，一九三六年獲燕京大學研究院社會學碩士學位。一九三八年獲美國哥倫比亞大學體育碩士學位。回國後，曾任燕京大學教授。後歷任北京大學教授，全國體總委員，全國羽毛球協會副主席，北京市羽毛

林啟武

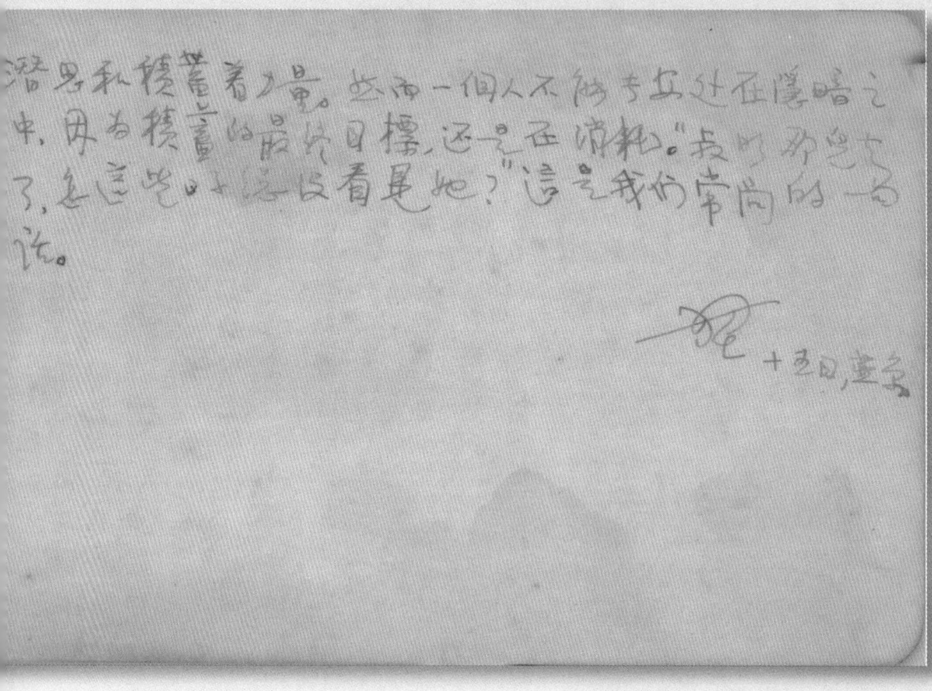
潛勢和積蓄著力量。然而一個人不能長久處在黑暗之中，因為積蓄的最終目標，還是在消耗。"我們都忘了，為這些日子沒有看見她？"這是我們常問的一句話。

十五日，重慶

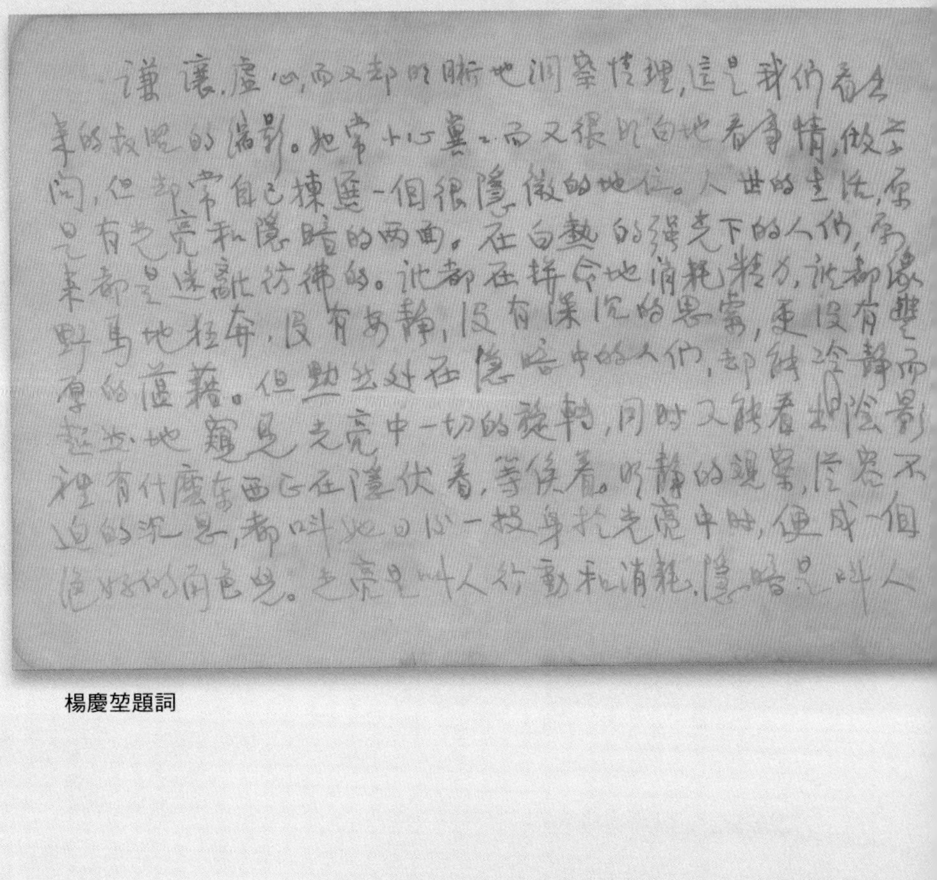

謙讓，虛心，而又都明晰地洞察情理，這是我們看去來的救贖的倒影。她常小心翼翼，而又很明白地看事情，做學問，但卻常自己揀選一個很隱微的地位。人世的生活，原是有光亮和陰暗的兩面。在白熱的强光下的人們，原來都是迷亂彷彿的。他都在拼命地消耗精力，他都像野馬地狂奔，沒有安靜，沒有深沉的思索，更沒有豐厚的蘊藉。但默然处在陰暗中的人們，卻能冷靜而超然地窺見光亮中一切的旋轉，同时又能看出陰影裡有什麼东西正在隱伏着，等候着。明靜的觀察，從容不迫的沉思，都叫她日以一投身於光亮中时，便成一個绝好的角色。光亮是叫人行動和消耗，陰暗是叫人

楊慶堃題詞

球協會主席，國家體育總會北京市分會副主席，羽毛球、田徑、跳水國家級裁判。

周叔昭同班同學蔡兆祥一九三一年六月二十五日在《留言冊》題詞：

時光縹緲，無形無影的過去，
人生的責任，卻一天一天加重起來。

寫於燕大平津樓　六，廿五
（通信處：廣州長堤石公祠街義安祠道十號）

在一九三一年《燕大年刊》有「景雲」者對蔡兆祥做了介紹：「蔡兆祥君，是廣東潮安縣人，他十三歲在汕頭礐石高小學校和我同學，就很相好，他守規則，勤功課，好運動，校內校外的團體，都熱心參加；常任要職，也出得風頭，他沒有菸酒及一切惡嗜好，生活很有規律，居室雅潔，衣冠齊整，的確是個純潔有為的青年。」

另外一九三一年《燕大年刊》編輯張郁棠（一九〇八—？），在《留言冊》也畫了一幅彩色封面畫給周叔昭。關於張郁棠，謝冰瑩的軍校時期同學，參加過一九三○年在上海的左聯成立大會的楊纖如說謝冰瑩邀請他加入北平的左聯，楊纖如回憶左聯成立時推出來的執委有段雪笙、潘訓、謝冰瑩、張璋、梁冰、劉尊棋、鄭吟濤（鄭蜀子、鄭紋波）、張郁棠、楊子戒（後來她修正為陳璧如），並提供了段雪笙作為籌備負責人的相關細節[2]。楊纖如說張郁棠參加籌備處組織，是千真萬確的，擔任燕大黨支部也是事實。而張魁堂說楊繽（楊剛）是他這個支部的黨員，楊纖如說楊剛當時在黨內並不如張郁棠地位重要，而非如某些人寫北方左聯史料，只突出有名氣的楊剛，藉助她的名以顯示自己掌握的材料可靠。

張郁堂

周叔昭的《留言冊》有雕塑家滕白也的指畫〈水仙〉，〈指畫顧名思義即是用手指蘸墨色代替毛筆作畫——五指皆可按需作畫，亦可加以掌心、指背、指側造型，或用指甲勾勒線條，一手多用，靈活多變，手指也能畫出精美絕倫

2 楊纖如，〈北方左翼作家聯盟雜憶〉，《新文學史料》一九七九年第四期。

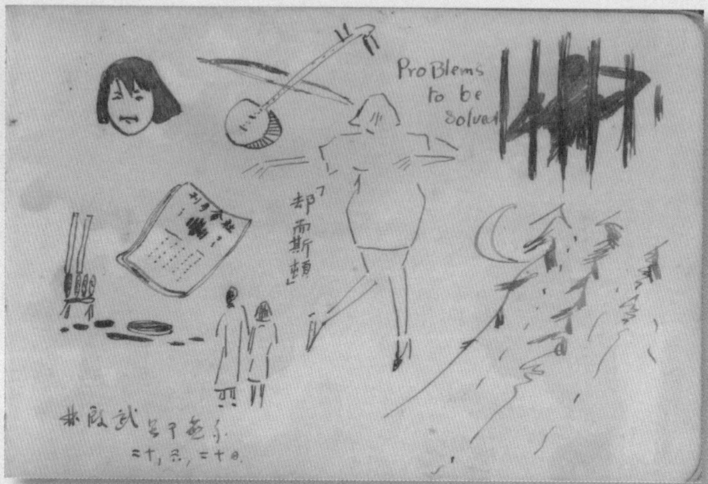

林啟武於《留言冊》中所繪之漫畫

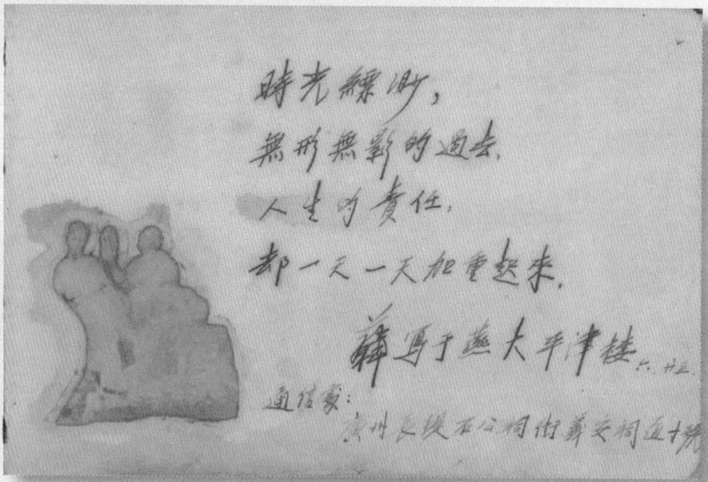

蔡兆祥題詞

張郁棠於《留言冊》中所繪之彩圖

的藝術作品。）並題有：

水仙比其潔，不比其頑。白也指作。

另又有滕白也的指書，題云：

叔昭周女士，大家貴公子，英爽又風流，豪才蓋一世。白也指書。

滕白也（一九〇〇——一九八〇），名圭，字白也，以字行。江蘇奉賢（今屬上海市）人。一九一八年九月，他以優異成績考入上海東吳二中。畢業後，直升東吳大學文學系。一九二五年一月，遠渡重洋，入美國西雅圖華盛頓州立大學雕塑系。當時美國正是印象主義、後期印象主義畫派和以羅丹為代表的雕塑等新派藝術風靡藝壇的時候。據學者張蘭的文章說，在華盛頓州立大

滕白也

學滕白也和西北畫派代表人物之一馬克・托貝（Mark Tobey）認識。儘管托貝比滕白也大了十歲，但是卻虛心拜滕白也為師，此時托貝發現滕白也以潑墨和勾勒線條為主的中國畫和書法藝術，特別是中國大寫意繪畫裡的抽象元素，正是他所追求的理念和表現形式。一九二九年，滕白也和托貝一起在紐約觀察一個金魚缸時曾經有過一段有趣的對話，滕白也當時問為什麼西方藝術家只畫死掉的魚，托貝當時也被考住了。後來兩個人思考良久，達成共識，那就是東方藝術是以線的方式來表達，而西方藝術是以形來表達，而死魚就是一個「形」，一個實心的形，而活魚是通過水的一系列的線性運動。兩個早期的現代藝術家通過彼此的眼睛看見了不同的世界。毫不誇張地說托貝正是在結識滕白也之後，才發現東方繪畫的「意境」，以流動的、精美的線條「書寫」出自己的情感，成為美國抽象表現主義「書寫式」大師。後來兩人遂成莫逆之交，友誼延續多年，甚至在三〇年代托貝還訪問過滕白也在上海的家。

華盛頓州立大學畢業後，滕白也被留校任助理講師。後來為了抗議美國社會歧視華人的行為及宣揚中國優秀傳統文化，滕白也辭去了助理講師的職務，在美國芝加哥、三藩市等地博物館舉辦雕塑、書法和指畫畫展，並當場表演指畫藝術，頓時轟動了美國社會。一九一九年九月在華盛頓國會圖書館舉辦畫

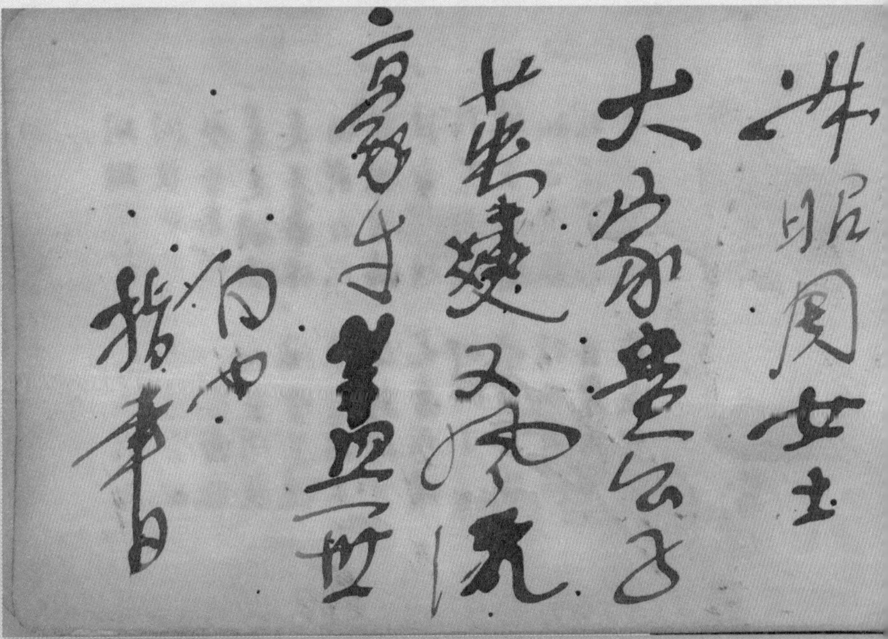

滕白也題詞

展時，燕京大學校長司徒雷登也來參觀他的畫展。司徒雷登並答應他：「祇要你能考取哈佛大學，燕京大學願意給你提供獎學金。」於是他進入哈佛大學研修文學。兩年後，以〈流散在外國的中國文物的調查和評價〉一文完成碩士論文答辯，順利畢業。一九三一年他應英國劍橋大學的邀請，去講學、辦展覽。他的雕塑作品被倫敦大英博物館收藏，他被英國皇家美術、科學、貿易學院聘為院士。同年六月，他也到法國巴黎美術學院講學。是時，國內著名畫家、教育家劉海粟在巴黎克萊蒙畫院舉辦「旅歐作品展覽」，邀請他去參加開幕式，兩人大有相見恨晚之感。之後，他又到德國、荷蘭、比利時、義大利等國作巡迴講學，並舉辦畫展。「九．一八事變」國難當頭，作為一名中國熱血青年，他結束旅歐講學，於一九三二年三月回國。他首先去拜見司徒雷登，並獲邀任燕京大學文學系美術史論講師。周叔昭認識滕白也當在這段期間。

司徒雷登

據顧頡剛一九三二年六月十一日日記：「到校，……紹虞、白也、勤廬來。」此是顧氏日記中有關與滕白也交往的最早記錄，可知滕白也至少在一九三二年六月中旬時已到燕京大學任教了。滕白也在講學之餘，曾組織參加校內舉辦的畫展及赴河北省正定縣進行民俗藝術考察活動，此在一九三二年十一月二十四日《顧頡剛日記》可見：「到振鐸處。與履安、容、劉二女士、自明，到蔚秀園看圖畫展覽（滕圭作品）。」又同年十二月十二日日記「到研究所，與容女士同往蔚秀園看藝術展覽會，與紹虞等同歸。」一九三三年六月十三日天津《大公報》報導〈名畫家滕白也指畫展覽會十六日在平舉行〉：「【北平通信】名畫家滕白也定十六日起在北平中央公園開展覽會。滕氏名圭，原籍江蘇，少時即以畫名蘇松間。二十遊美國，專攻西洋畫及雕刻，以成績特良，畢業後任華盛頓大學教授，其個人畫展近十年來跡遍歐美，大受外邦人士所歡迎，美英德博物院中有滕君之畫者頗多。滕氏現任燕京大學美術科主任，其指畫沉動活脫，與指具化，翎毛則生動欲出，水仙則蒼潤滴人，此次開會，當受國人之歡賞無疑。」學者沈寧指出：「如果說之前在蔚秀園的畫展無法斷定為滕氏個展還是他參與的群展的話，那麼自一九三三年六月十六日起在北平中央公園舉辦的滕白也指畫展覽會，則應當看作是他離開北平南下的告別個展了。」

滕白也到上海後設立白也雕塑繪畫館，兼任上海美專、滬江大學、暨南大學美術教授。一九三五年，南京孫中山先生塑像（模型）公開競選，經過三次遴選，一九三六年五月公布結果，滕白也所製模型獲第一名，這是滕白也赴西方學雕塑的最好成果展示，奠定他「中國早期雕塑家」的地位。其他雕塑作品還有〈唐少川先生像〉、〈工人張學海像〉、〈農人像〉、〈孔子像〉、〈觀音像〉、〈天女像〉等。抗戰時任廣西大學美術教授，飽覽西南山水，遂傾心於山水畫，兼畫花卉翎毛，尤精指畫。新中國建立後其命運曲折，在藝術上再無大成就，僅為上海市文史館館員、中國美術家協會上海分會會員，抱憾死於一九八〇年；而曾為他學生的托貝則漸漸在美國嶄露頭角成為大師。

一九三二年六月十五日Bertha Huang在《留言冊》題的是《聖經·箴言》30:4：

who has ascended up
into heaven, or descended?
who has gathered
the wind in his fists?
who has bound

the waters in a garment?
who has established
all the ends of the earth?
what is his name,
and what is his son's name,
if though canst tell?

Bertha Huang
June 15th, 1932

（譯成中文）

誰升天又降下來？
誰聚風在掌握中？
誰包水在衣服裡？
誰立定地的四極？
他名叫甚麼？

他兒子名叫甚麼？

你知道嗎？

郭昌鶴貴州盤縣人，是燕京大學國文系的，比周叔昭低一屆，她在《留言冊》題了：

莫等閒白了少年頭，空悲切！——岳飛

小妹　昌鶴　一九三二，六，卅

郭昌鶴在一九三四年發表〈才子佳人小說研究〉（上）、（下），刊登於《文學季刊》創刊號和第二期，被認為是近代第一篇系統研究才子佳人小說的長篇論著。學者蘇建新的《中國才子佳人小說演變史》認為研究才子佳人小說的，繼魯迅之後的第二位重要學者是郭昌鶴。他說郭昌鶴以四萬字的篇幅，「首次把才子佳人小說作為一整體，進行了全面而系統的討論。遺憾的是，她站在新文化運動的立場上對它們的價值作了完全的否定。由於此後直至改革開放前，再無類似的專題研究，人們把郭昌鶴的分析當作定論，造成長期研究的斷裂。」郭昌鶴於一九四六年曾任貴州省立貴陽女子師範學校的校長，一九四九年四月擔任第一屆監察委員。

周叔昭社會學系畢業後，繼續攻讀研究院，於一九三三年提交碩士論文《北平誘拐的研究》，該論文的指導老師為楊開道教授。周叔昭在論文的〈弁言〉中寫道：「作者自十九年冬做北平女犯的調查，便深感誘拐罪之複雜有趣，又因受芝加哥社會學派的影響，時常感到個案的研究在國內社會學界上有提倡的必要；於是我便決意用個案方法來分析北平的誘拐，一方面予個案研究以嘗試的機會，一方面借重個案方法做深 層的犯罪研究，希望能在國內社會學界起始一種新的工作。此種計畫經許仕廉、楊開道二教授贊助後，在二十年冬得以積極實行（其實附錄一的材料在十儿年冬已著手搜集）。是年冬我在楊開道先生的指導之下，一方面做深入的實際調查，一方面搜集其他輔助材料。誰都知道，在目前國內做這樣實際調查是如何的困難，個人時間能力的限制尤其是餘事，足供參考的統計，犯人的記錄，以及相類的書籍差不多完全沒有；一切必需材料，都得自己搜集，一切調查的技術都得自己在試驗中去體會。我以個人有限的經驗和時間，起始這樣一樁困難的工作，其中所碰見的釘

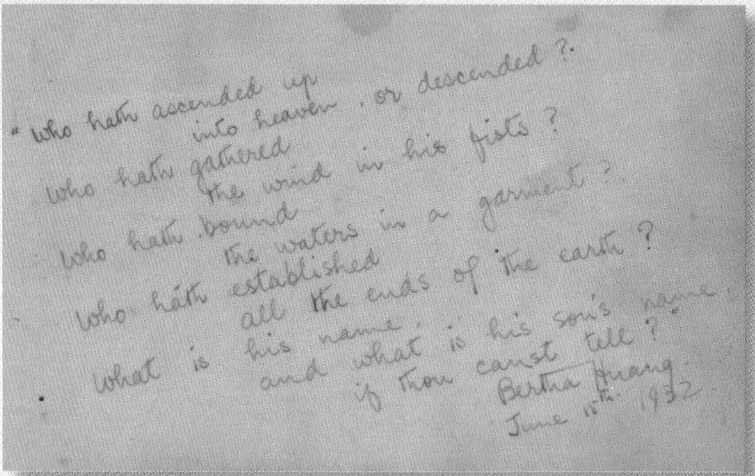

"Who hath ascended up into heaven, or descended?
Who hath gathered the wind in his fists?
Who hath bound the waters in a garment?
Who hath established all the ends of the earth?
What is his name, and what is his son's name, if thou canst tell?"
Bertha Huang
June 15th 1932

Bertha Huang題詞

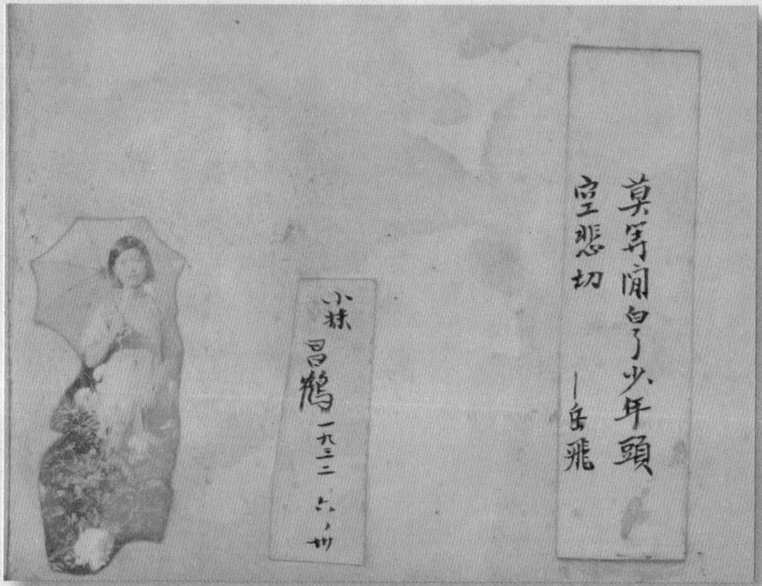
莫等閒白了少年頭
空悲切
—岳飛
小妹
昌鶴
一九三二　六，卅

郭昌鶴題詞

子是無法枚舉的。幸時得許仕廉、楊開道二教授同情的勉勵，以及楊先生的精心指導，增加了我不少進行的勇氣和實力。二十一年冬美國社會學鉅子派克教授（R.E. Park）由美來燕京大學講學，我當時正居住城中，集中精力於實際調查，但每星期必回燕大一次，常將調查的困難及經驗預先記錄下來以請教於派克教授。經過一次長談後，派克教授對於我正在進行的工作，表示了很濃厚的興趣，此後常不憚繁瑣，時刻給我指導。有時我和這位老年學者談我的幼稚的經驗及心得時，他也會用極注意的態度傾聽我的敘述，有時我們的談話，繼續二、三小時之久，而派克教授仍毫無厭倦之意，他那醇厚的學者之風是我永久不能遺忘的。由許多次的深談中，我獲得不少的分析材料的線索，研究問題的方針；我所以能對於紛亂的材料有一種比較清楚的認識者，大半是派克教授之所賜。今春我起始將所搜集之材料做一系統的組織及分類，但因為研究對象的複雜，曾感到極度的困難，幸得楊開道教授之頻頻的幫助及指正，經過幾次的修改——誘拐過程一章曾修改過四次之多——才可寫成現在一書。」

周叔昭的碩士論文提出，社會學研究的「誘拐」與法律規定的「誘拐」不完全相同，社會學研究應當將誘拐視為一個社會過程，探查誘拐的具體過程與原因，而非簡單地做判斷。據此，研究將誘拐分為誘拐的種類、被誘人、誘拐人、誘拐的技術和誘拐的過程五個方面，使用了大量的個案與訪談，對上述方面進行了分類和討論。特別重視對誘拐案件中的「人」和「事」進行細緻描述，真正做到了探尋誘拐犯罪中人之行為背後的社會原因。這些，最終都指向對於社會整體的理解。文章在結論中指出：「誘拐的發生不是偶然的，由社會學眼光來看，誘拐有它的功用，或存在的理由。在誘拐發生的社會中，有使它生存的因數。誘拐是現存社會制度、民儀、罪惡的副產。北平的貧窮、中國的娼妓制度、買賣式的婚姻制度、婢制、妾制、童養媳制等是誘拐的求供的原動力：此原動力能使誘拐得以發生，使誘拐人乘機而起。」在此基礎上，周叔昭認為要真正解決誘拐問題，除了依靠法律與員警等力量，還需仰仗「民生問題的徹底解決、婦女生活的解放、婦女教育的提倡、娼妓問題的解決、婚姻制度之改造、新民儀民風的建立。」

面對如此傑出的女弟子，指導教授楊開道（導之）在周叔昭的《留言冊》題了：

女文學家呢！歌罷，唱罷，

歌唱中國民族的新樂曲，給予中國民族的新生命，

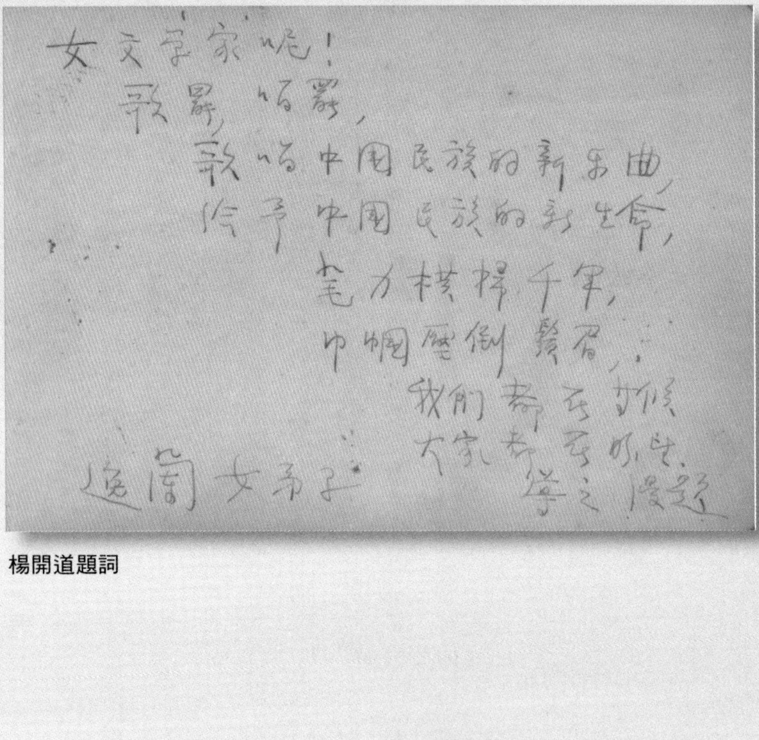
女文學家呢！
歌罷唱罷，
歌唱中国民族的新乐曲，
给予中国民族的新生命，
笔力横扫千军，
巾帼压倒须眉，
我们都要打气
大家都要叫好。
逸蘭女弟子　學之 [illegible]題

楊開道題詞

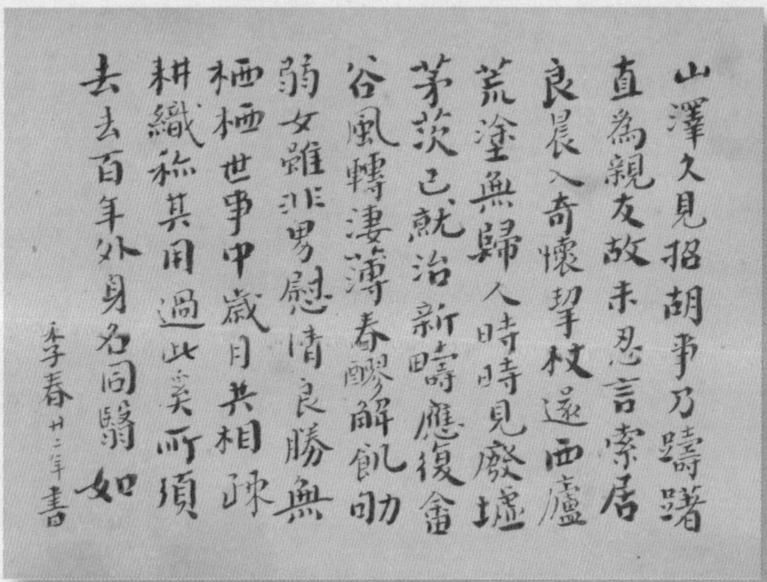
山澤久見招胡事乃躊躇
直為親友故未忍言索居
良晨入奇懷挈杖還西廬
荒塗無歸人時時見廢墟
茅茨已就治新疇應復畬
谷風轉淒薄春醪解飢劬
弱女雖非男慰情良勝無
栖栖世事中歲月共相疎
耕織稱其用過此奚所須
去去百年外身名同翳如
季春廿二年書

筆力橫掃千軍，巾幗壓倒鬚眉，
我們都在等候，大家都在盼望！

逸蘭女弟子　　導之漫題

而一九三三年元旦有位署名「影梅」的更在周叔昭的《留言冊》畫一枝梅，並題了「聊贈一枝春　叔昭姊雅正」。另同年季春在《留言冊》還題有陶淵明〈和劉柴桑〉古詩，僅寫「季春廿二年書」，不知何人所題：

山澤久見招，胡事乃躊躇？
直為親舊故，未忍言索居。
良辰入奇懷，挈杖還西廬。
荒塗無歸人，時時見廢墟。
茅茨已就治，新疇復應畬。
谷風轉淒薄，春醪解飢劬。
弱女雖非男，慰情良勝無。

棲棲世事中，歲月共相疏。
耕織稱其用，過此奚所須。
去去百年外，身名同翳如。

第四章 結婚與婚後歲月

周叔昭一九三三年研究院碩士畢業，她在〈春節憶舊〉只簡單地提到一句：「畢業後返滬結婚」，她的夫婿是燕大社會系的學弟嚴景珊，浙江餘姚人，是社會學家嚴景耀之弟。嚴景珊於一九二九年進入燕京大學社會學系，對犯罪社會學有著濃厚興趣，在家庭社會學、農村社會學、經濟社會學和史學方面也有研究，哥哥嚴景耀和周叔昭是他重要的學術夥伴。當時嚴景珊還是一名大二學生時，就想要「做一種犯罪事業的研究」，一九三一年他來到河北第一監獄，結識了名竊盜「草上飛」，即論文中的主人翁白達仁。嚴景珊每星期去監獄拜訪他，與他無話不談。在一次談話中，白達仁主動要求在監獄中寫自傳，將自身複雜的歷史寫出來，幫助嚴景珊的研究。這篇論文便以白達仁的自傳和嚴景珊的訪談為主要材料，其中自傳在行文中基本被完整地保留了。研究做完了，嚴景珊也多了許多竊盜朋友，白達仁是「感情最好的一位」，嚴景珊也時常以朋友的身分「勸導他走入正路」，並計畫幫他成為一名校警。嚴景珊在派克教授與楊開道教授的指導下完成《一個北平慣竊之自傳的研究》學士論文，於一九三三年學士畢業。於是兩人在學業上都各有所成，也分別告了一段落，就回上海結婚了，因為周叔昭的家在上海。

周叔昭的《留言冊》有陳漢第畫的一叢朱竹、吳善蔭畫的一株水仙、陳意畫的幾多秋菊，這些作品當是祝賀她與嚴景珊新婚的賀禮。陳漢第（一八七四—一九四九）出身於杭州望族，同父親陳豪、弟弟陳叔通號稱「一門三進士」。早年，陳漢第留學日本，曾入東三省總督趙爾巽幕府。辛亥革命後，歷任國務院祕書長、清史館編纂。陳漢第是中國畫學研究會的發起人之一，一九二〇年五月二十九日，留英研習律法的畫家金城集合當時北京、天津地區最負盛名的藝術家、收藏家陳師曾、陶瑢、賀履之、陳漢第等，共同發起成立了「中國畫學研究會」，這是當時北方畫壇最大的美術社團。陳漢第擅於畫花卉及枯木竹石，還喜歡收藏古印，一九三九年輯為《伏廬考藏璽印》（又名《伏廬藏印》），此外還有《伏廬藏印輯集》等。陳漢第善寫花卉，也畫山水人物。在他筆下，枯木竹石無不精神。他尤喜畫松竹，其作品〈赤松〉、〈虬松〉、〈勁松〉、〈羅漢松〉；〈朱竹〉、〈墨竹〉、〈菊竹〉、〈鳳尾竹〉等，不僅筆墨謹嚴，極有法度，畫面也生動有致，格調淡雅。

吳善蔭（一八八二—一九五九），浙江杭州人，陳漢第夫人，海派女畫家代表，一九五三年被聘為上海市文史館館員。陳漢第、吳善蔭夫妻二人都是當時知名人物。陳漢第畫的是竹子，這是他最拿手的，吳善蔭畫的是牡丹。一九四七年九月十七日，中國當代最著名的科學家之一的錢學森和出身名門的

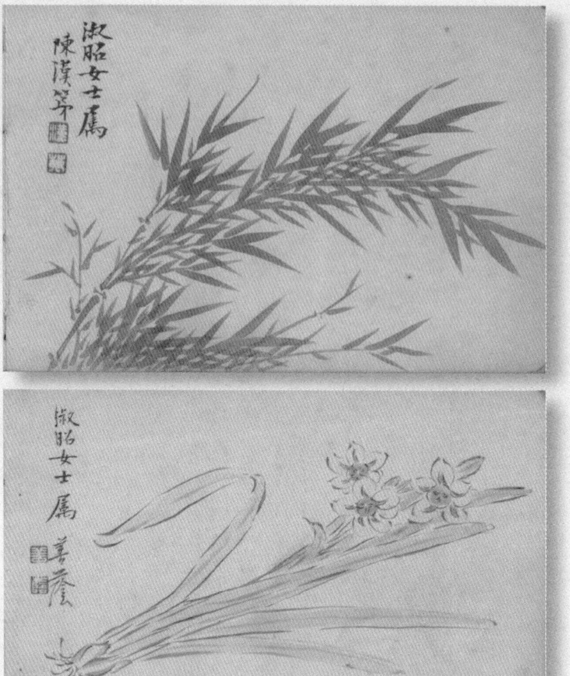

陳漢第（上）、吳善蔭（中）、陳意（下）於《留言冊》中所繪之圖畫

蔣百里之女蔣英（優秀的女高音歌唱家）結婚。他們的婚書可謂精緻豪華。這份「結婚證書」又叫做「鴛鴦譜」，由六頁摺合而成。其中，封面和封底均為綢緞材質，封面及正文手書者孫智敏（號知足居，字廑才）是錢學森父親錢均夫志同道合的好友，還曾經是錢學森的書法老師。左右兩幅配畫。一幅為「竹」，寓意錢學森的君子風度，另一幅為「牡丹」，寓意蔣英的貴重氣度。兩幅配畫分別由民國時期的海派名家陳漢第和吳善蔭完成。陳漢第是錢均夫和蔣百里在求是書院讀書時的恩師、伯樂，對二人有知遇之恩，更多次救蔣百里於危難之時。陳漢第夫婦二人聯手為錢學森與蔣英的婚書創作配圖，足以見得對這兩位後輩的疼愛與祝福。而周叔昭和嚴景珊的婚禮，陳漢第和吳善蔭夫婦以「竹」和「水仙」相贈，亦有對晚輩勉勵和祝賀之意。至於陳意是陳漢第的女兒，中國著名的建築大師陳植（一九〇二—二〇〇一，字直生）的妹妹，一九二六年燕京大學畢業，後赴美留學獲美國哥倫比亞大學碩士，一九二八年九月任燕京大學家政系助教，一九二九年吳文藻和冰心結婚時，她是三位伴娘之一，後來擔任燕京大學家政系的教授和主任。周叔昭和嚴景珊結婚，她在《留言冊》畫了「秋菊」祝賀。

周叔昭回憶文章又提到「婚後又回平定居」。《留言冊》中有一人留言兩次，間隔五年，就是一九三〇年秋轉入燕京大學社會學系，師從吳文藻的費孝通。一九三三年在吳文藻的指導下，費孝通完成了題為《親迎婚俗之研究》的畢業論文，該論文費孝通花了三年時間寫就，五易其稿，經過吳文藻、顧頡剛、潘光旦、王佩錚、派克和史祿國（S.M. Shirokogórov）等的指導及批評後完成，探討「親迎婚俗」在中國社會中的流傳及影響。這一研究看似微小，背後卻蘊含著費孝通對於中國文明之起源與演化的重大關心。費孝通於一九三二年秋聽派克教授講課，派克教授對同學們的最大影響，是領著他們跳出了燕大未名湖畔的狹小生活圈子，進入到真實、生動、豐富的社會實際生活當中。他鼓勵同學們把北京當成一個社會學的實驗室，啟發大家認識到，社會學要研究活生生的社會實際生活，社會是個有機體，經常處在變化當中，要了解社會，了解人性，就不能光讀書本，而要具體經歷不同的社會生活。費孝通於是知道用社會調查來研究社會的方法來自社會人類學，因此想學人類學。於一九三三年從燕京大學畢業後，考入清華大學研究院社會學及人類學系，並在導師史祿國教授的指導下修習體質人類學的課程。一九三四年七月一日費孝通當時在就讀清華大學研究院，他與新婚後的周叔昭見面，《留言冊》中貼有一張費孝通二十歲出頭時的黑白照片，身著西式服裝，朝氣蓬勃，煥發著新知青年特有的青春氣質，他給周叔昭寫道：

年末我聽見朋友們對問著：「叔昭呢？」叔昭是在幕後，她在打扮，她出場時誰會不睜著眼，頷首自語：「我早就說叔昭是這樣的人。」你看，就是她在幕後喝的幾聲，不已夠瞧了，檯面上不已全暗了色？《派克論文集》若只准留一頁，那一定是第七頁，——這只是後台的一聲，前台的戲多著哩。本來戲愈好，愈排在後面，但是我總覺得讓一輩看客們巴巴地耐著性子，嗑瓜子，亦未免太任性了一些，何況我們要做的又不是只給人看看，喝喝采的一齣戲呢？我是不怕叔昭會老在幕後躲著，一顆關不住的心，飛出來只是遲早的事，那管幕的重數？我怕的是，在我們丑角兒拉不起場面時，叔昭還是怕出場不能驚人，耐著性子加工打扮。叔昭，你知道我們都是性急的野馬。看客們也許有這性子，你也許也有這性子，但是在你們中間的可難受了。如其能趕緊一些打扮，還望你趕緊一些，這世界上沒有好戲已經太久了。時間又不多，那裡還容主角姍姍來遲？

這時的費孝通二十四歲，字裡行間透著同學間熱絡而美好的友誼。他提到

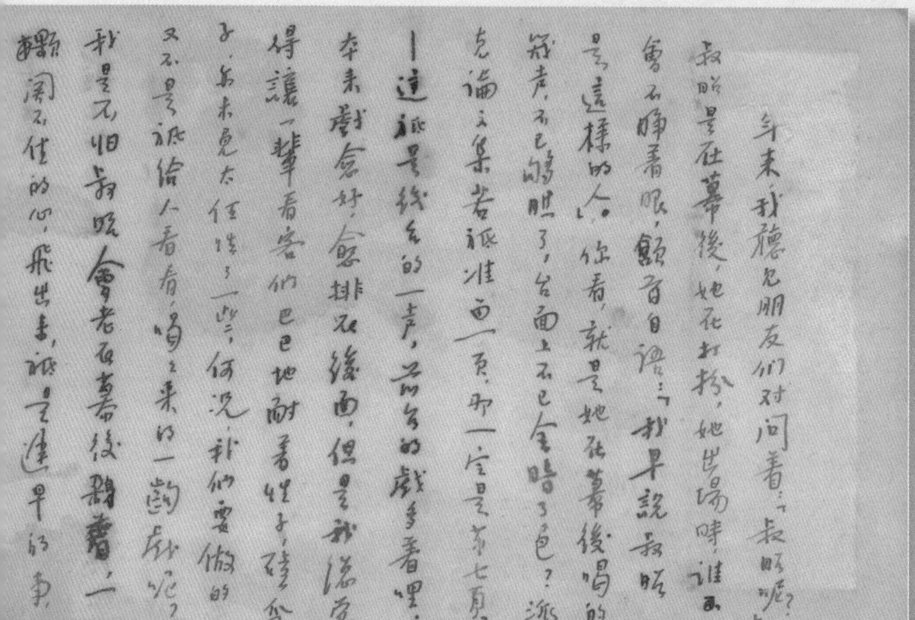

年來我聽见朋友們对問着：「裘昭呢？」
裘昭是在幕後，她在打扮，她出場時，誰不
會不睜着眼，餘音自語：「我早說裘昭
是這樣的人。」你看，就是她在幕後唱的
歌声，不已够朋了，台面上不已全暗了色？派
克論文集若祇准畫一頁，那一定是第七頁。
一這祇是錢衣的一声，前台的戲多着哩。
本來戲愈好，愈排在後面，但是我總覺
得讓一輩看客們巴巴地耐着性子，待台
子，未免太任性了一些，何況，我們要做的
又不是祇給人看看，唱唱來的一齣戲呢？
我是不怕裘昭會老在幕後藏着，一
顆閑不住的心，飛出來，祇是遲早的事。

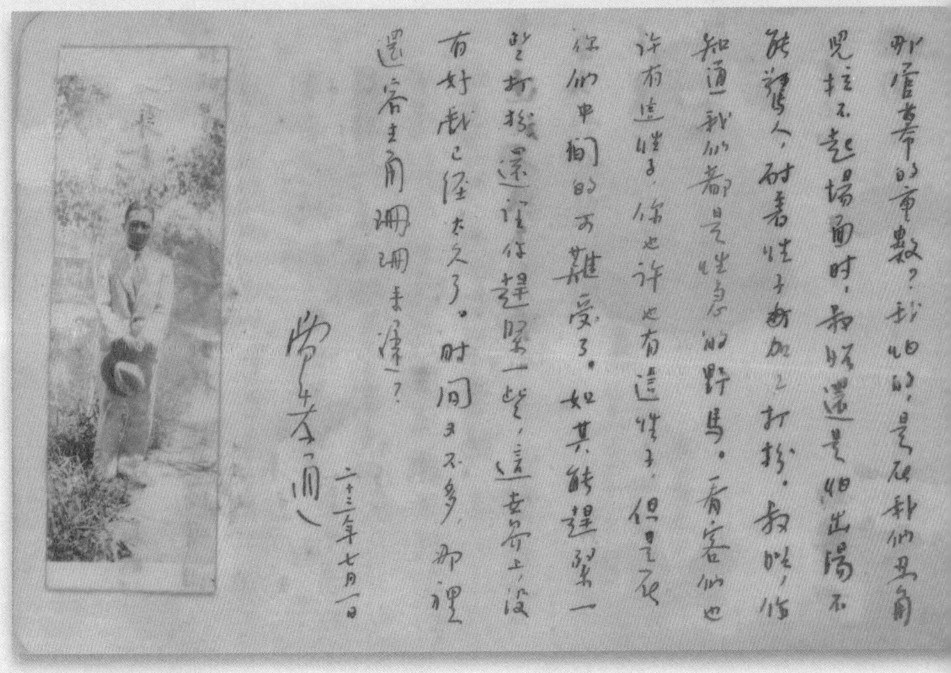
那層幕的重數？我怕的是在我們丑角
兒拉不起場面時，我們還是怕出場不
能驚人，耐着性子再加上打扮。我們，你
知道我們都是性急的野馬。看客們也
許有這性子，你也許也有這性子，但是在
你們中間的不難受了。如其能提緊一
些打扮，還請你提緊一些，這世界上，沒
有好戲已經太久了。時間又不多，那裡
還容丑角們們來遲了？
費孝通
二十三年七月一日

費孝通題詞

《派克論文集》，那是他與吳文藻、楊慶堃一同翻譯於一九三三年出版的《派克社會學論文集》。周叔昭也聽過派克教授的課，在寫碩士論文時更多次請教於派克教授，在《派克社會學論文集》她也寫有〈我所認識的派克先生〉一文，因此題詞提到派克教授必喚起兩人共同的美好回憶。

吳宓（一八九四－一九七八），字雨僧，陝西涇陽人，是比較文學家、西洋文學家，學衡派代表人物。一九二四年，吳宓任清華大學外文系教授，一九二五年，任清華國學院籌備主任，聘請當時學術界最負盛名的梁啓超、王國維、陳寅恪、趙元任等四位學者為研究院導師，一時號稱得人。一九三〇年，吳宓赴歐洲旅遊，先後遊歷了英國、法國、義大利、瑞士、德國等許多國家，訪問了雪萊、司各特、盧梭等人的遺蹟。次年結束歐遊歸國，任清華大學外文系教授兼系主任。他按照哈佛大學比較文學系的方案創辦清華大學外文系。明確提出培養目標為造就「博雅之士」。在他的努力下，清華大學外文系很快成為國內第一流科

吳宓

系。吳宓長周叔昭十歲有餘，他在《留言冊》中寫道：

北平青年會作，吳宓（鈐印：吳宓）。

少日避兵地，十年久候車。相攜各有伴，誰為歡無家。點饌消長夕，封書寄海涯。春殘傷夢斷，愛恨逐飛沙。

一九三五年十一月十七日在北平光陸電影院觀《春殘夢斷》（*Anna Karenina*）片，遇景耀、景珊、叔昭諸君，予以所感，追敘生平而作此詩。

一九三六年七月五日《吳宓日記》有「賢等匆匆乘晚上七點汽車回城，時雨甚劇，嚴景珊、周叔昭夫婦已至。宓設素席（便宴）為之餞行。」賢，是指燕京大學的華僑女學生陳仰賢。吳宓雖然全力在追求毛彥文，但一九三五年，毛彥文嫁給了熊希齡，吳宓已轉向其他女性。周一良在生前最後一篇文章〈吳宓先生與周氏兄弟姊妹〉說：「從他的日記看，自他早年開始，每逢遇到女人，必然評頭品足。他表示過愛心的女人有燕京大學的華僑女學生陳仰賢，有

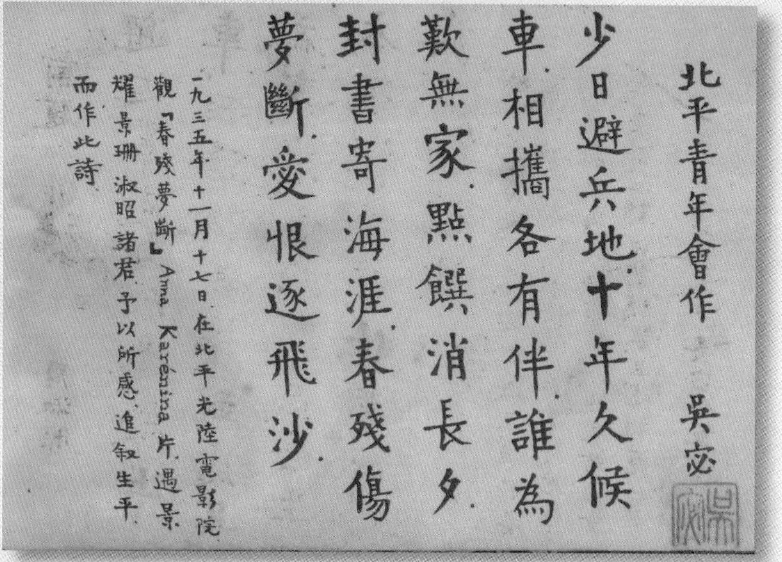
北平青年會作　吳宓
少日避兵地．十年久候
車．相攜各有伴．誰為
歎無家．黯餞消長夕．
封書寄海涯．春殘傷
夢斷．愛恨逐飛沙．
一九三五年十一月十七日．在北平光陸電影院．
觀「春殘夢斷」Anna Karénina片．遇景
耀．景珊．淑昭．諸君．予以所感．追敘生平．
而作此詩．

吳宓題詞

歐陽采薇、黎憲初、張敬（張清常之姐，名清徽），在法國遇到的美國女學生H，代號為K的清華女生，當然最重要的就是毛彥文。他曾經幻想在他不離婚情況之下仿效大舜的娥皇女英以及安公子的何玉鳳和張金鳳的故事，當時就被陳寅恪先生一口否決。」

同天周叔昭也見了當年在燕大社會系任教的雷潔瓊，雷潔瓊（一九〇五—二〇一一），一九二七年，在美國南加州大學攻讀社會學。一九三一年，獲南加州大學社會學碩士學位，回國後，先後任燕京大學社會學系講師、副教授，教授「社會學入門」、「社會服務概論」、「貧窮與救濟」、「家庭問題」、「兒童福利問題」及「社會服務實習」等課程。在教學之外，雷潔瓊還參與了燕京大學社會學與社會服務學系清河試驗區的建設，每年帶領學生去往河北定縣平民教育實驗區、香山慈幼院等地實習。抗戰爆發後，雷潔瓊辭掉燕京大學教職，到江西參加抗日救亡工

嚴景耀與夫人雷潔瓊

作和婦女運動。一九四一年五月，雷潔瓊離開江西回到上海淪陷區，受聘為東吳大學教授，並兼任滬江大學、聖約翰大學、華東大學、震旦女子文理學院教授。一九四一年七月五日，她與嚴景耀教授結婚。雷潔瓊一九三六年七月五日在《留言冊》中寫道：

我要投身在時代的狂瀾中，
我要投身於事變之衝！
痛苦與歡樂，
失敗與成功，
交相更迭不為動；
事業一步不能放鬆。
叔昭同學南下囑書手冊，抄錄數句希共勉之

潔瓊（鈐印：雷潔瓊）廿五，七，五

雷潔瓊所抄錄的是德國著名思想家、小說家、劇作家、詩人歌德（Johann Wolfgang von Goethe）的名著《浮士德》（德語：*Faust*）中的名詩句。

兩天後，周叔昭拜見恩師吳文藻、冰心夫婦，吳文藻在《留言冊》中寫道：

學以立名，問則廣智。——孟子母仉氏

只常常看見自己有不是處，便是進步。——羅仲素

叔昭女士

吳文藻，一九三六，七，七

冰心則在《留言冊》中寫道：

才、情、趣，如同花的色、香、味。一個有才、有情、有趣的人，如同一朵有色、有香、有味的花，同是世上最可愛的東西。

叔昭有才、有情，而且有趣，「教我如何不愛她」！

冰心，七，七，一九三六

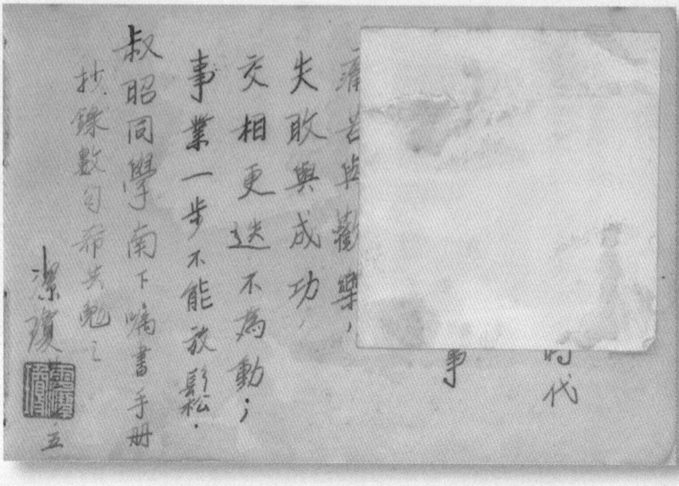
失敗與成功，
交相更迭不為動；
事業一步不能放鬆。
叔昭同學南下囑書手冊
拉錄數句希共勉之
潔瓊

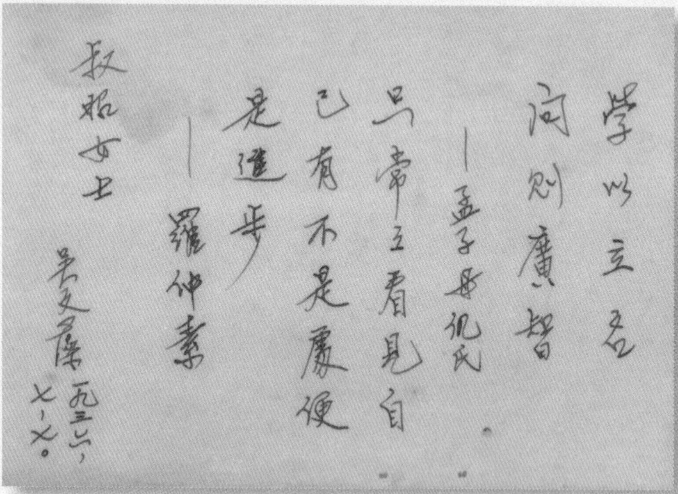
學以立志
問則廣智
—孟子母仉氏
只常去看見自
己有不是處便
是進步
—羅仲素
叔昭女士
吳文藻 一九三六，七，七。

雷潔瓊（上）、吳文藻（下）題詞

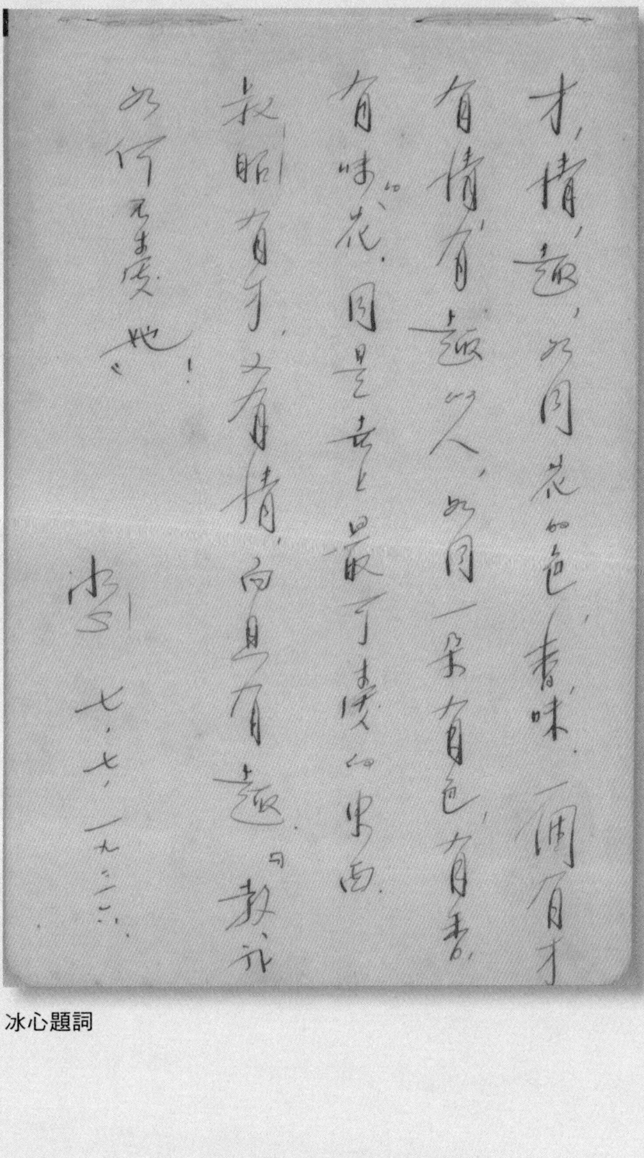
才，情，趣，如同花的色，香，味．一個有才有情有趣的人，如同一朵有色有香有味的花，同是最可愛的東西．叔明有才，又有情，而且有趣，教我如何不愛她！

冰心 七．七．一九八八．

冰心題詞

一九三六年七月十六日吳宓在《留言冊》中寫道：

前題和作　並步原韻周叔昭

邂逅常遊地，欣邀緩上車。相逢俱是伴，到處且為家。
痛飲應無忌，吾生本有涯。春殘休夢斷，歲月逝流沙。

時方欲回校，乃蒙諸君邀至淮陽春酒館，宴敘甚歡，叔昭並和予詩，尤感雅誼。叔昭為予同道知友，煦良君之令妹。爰錄二詩，以鴻爪且述淵源。

一九三六年七月十六日

吳宓錄記（鈐印：吳宓）

一九三六年八月三日《吳宓日記》云：「夕五至九時至槐樹街四號（成府）嚴宅，赴嚴景珊、周叔昭夫婦招宴，景耀、一良亦在。」同年八月十八日《吳宓日記》云：「上午十一點周珏良來，乘人力車，偕赴嚴景珊夫婦招宴於其宅，送別景耀南行。」同年九月六日《吳宓日記》云：「（上午）十時詔去。宓即擬入城，而陳絢、周叔昭、周珏良來，遂約下午之會。同行至校門，宓乘十一時車入城，……下午二時陳絢、周叔昭如約來，觀《仲夏夜之夢》（*A Midsummer Night's Dream*）電影。……六點半先至東興樓，絢與叔昭已到。已而父至。最後黎憲初亦到。便宴。父談敘甚歡。諸女士亦甚傾服父之為人。八時十五分散，各歸。宓伴叔昭及絢至青年會，乘九點車回校。」（陳絢念燕京大學哲學系，是周叔昭的學姐，吳宓當初有意追陳絢，但後來卻介紹給姚從吾，一九三六年十二月十二日姚從吾與陳絢結婚，吳宓是介紹人。）同年九月十四日《吳宓日記》云：「晚，接周叔昭覆函，謂介紹憲初與煦良。伊於上次晚宴時，得見憲初，即有此意。不知宓早具深心，甚為欣感，當共圖進行云云。」

一九三六年秋，嚴景珊考入天津南開大學經濟研究所，成為第二屆合作研究生，研究學門是「農村合作」（但該屆研究生均因一九三七年秋盧溝橋事變輟學），也因此周叔昭往來北平、天津間。一九三七年一月十二日周叔昭社會系的學妹黃安禮在天津和周叔昭見面，因為不久她將從天津搭船赴英國，她在《留言冊》中寫道：

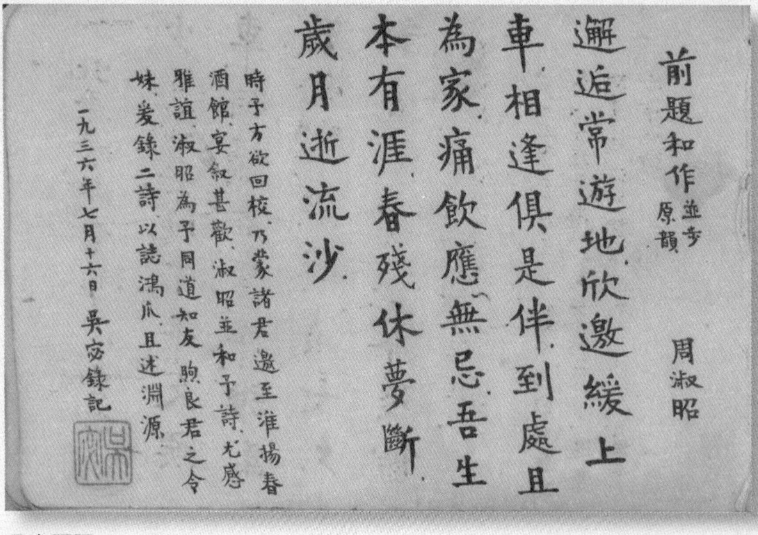

前題和作並步原韻　周淑昭

邂逅常遊地、欣邀緩上
車、相逢俱是伴、到處且
為家、痛飲應無忌、吾生
本有涯、春殘休夢斷、
歲月逝流沙、

時予方欲回校、乃蒙諸君邀至淮揚春
酒館、宴敘甚歡、淑昭並和予詩、尤感
雅誼、淑昭為予同道知友駒、良君之令
妹、爰錄二詩以誌鴻爪、且述淵源、

一九三六年七月十六日　吳宓錄記

吳宓題詞

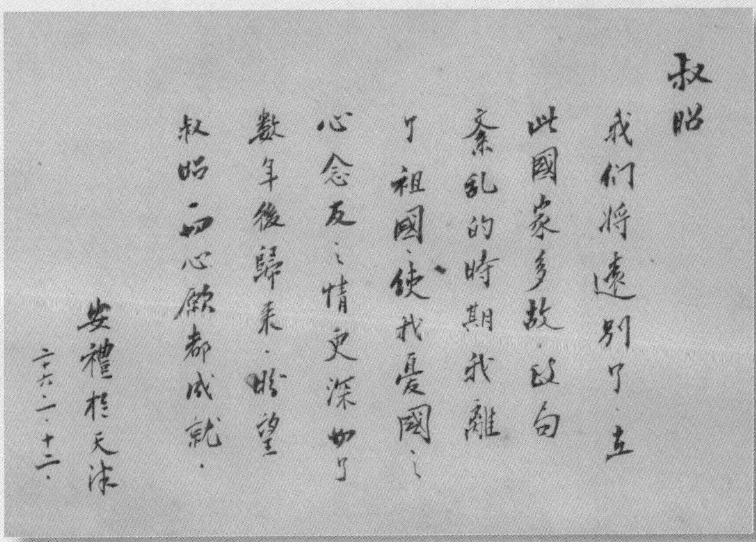
叔昭
我们将远别了，在此國家多故，政治紊乱的時期我離了祖國，使我憂國之心念友之情更深切了。數年後歸來，盼望叔昭兩心願都成就。
安禮於天津
二六．一．十二．

黃安禮題詞

叔昭

我們將遠別了，在此國家多故、政局紊亂的時期，

我離了祖國，使我憂國之心、念友之情，更深切了！

數年後歸來，盼望

叔昭一切心願都成就！

安禮於天津

二十六，一，十二

黃安禮的父親是黃彥鴻（一八六六—一九二三）一名黃宗爵，字芸溆。原居台灣淡水竹塹黃宅，光緒十四年（一九八九）戊子科舉人；台島淪陷，黃彥鴻離台內渡，歸籍於福建侯官縣官園前打鐵當金墩街。光緒二十九年四月，散館，授翰林院編修，官至軍機章京行走。長子黃秋岳（一八九一—一九三七），名濬，號哲維，室名「花隨人聖庵」。自幼隨外祖父讀書，四歲識字，七歲能詩，九歲便可懸腕作擘窠大字，因而乃有「神童」之譽。十五歲就讀於京師譯學館（北京大學前身），因其年少聰慧，頗為在京的陳寶琛、

嚴復、林紓等福建同鄉父執所賞識。其後，以才名曾受知於當時的政界巨擘梁啟超，乃至於與詩壇領袖樊增祥、陳三立、傅增湘、羅癭公等人過從甚密，並隨之與當時國內名盛一時的書畫俊彥、文人學士、詩詞名流、顯宦子弟如楊度、陳師曾、張大千、徐志摩、況周頤等過從密甚。與梁鴻志均為陳衍（石遺）得意弟子，「才氣橫溢，詩工尤深」，知名當世，早歲即有結集《聆風簃詩》。其後又有名著《花隨人聖庵摭憶》傳世。黃秋岳留學早稻田大學，回國後，獲同鄉國民黨元老林森破格擢任為行政院祕書主任，其後汪精衛任國民黨中央政治會議主席及行政院長兼外交部長要職，攬為主任祕書。一九三七年七月二十七日，當國民政府海軍部長陳紹寬奉命在行政院會議上提出報告，要求有關各部隊採取配合行動，擬將長江吳淞口封死，然後集中陸地砲火，要將日寇在長江中的幾十艘軍艦全部擊沉。命令下達後，次日即將行動前，卻見原本在長江的日艦，全部逃往吳淞口外的內海，功虧一簣，這顯然是有人走漏消息，蔣介石嚴令戴笠徹底追查此事，黃秋岳與其子黃晟（外交部職員）以通日寇之嫌，於一九三七年八月，雙雙伏法於南京。黃安禮是黃秋岳的妹妹，據一九三七年一月三十一日《申報》報導，「駐倫敦中國大使署三等祕書黃安禮女士，於昨午十二時搭乘利亞號赴英。」因其早在這這樁事件爆發的半年前已經出國赴英倫了，否則恐怕也會被牽連而出不了國。

第五章 抗戰流離紀聞

一九三七年七月七日盧溝橋事變，抗戰軍興。吳宓在七月十四日《日記》中寫道：「閱報，知戰局危迫，大禍將臨。今後或則（一）華北淪亡，身為奴辱。或則（二）戰爭破壞，玉石俱焚。要之，求如前此安樂靜適豐舒高貴之生活，必不可得。」這可代表一般知識分子的看法，因此許多人陸續要離開北京而南下。據《吳宓日記》七月十六日就說：「晨，嚴景珊電告，今日偕叔昭遷津。叔昭住珏良宅（天津，英界，泰華里，六號）。」同一天，瞿同祖的夫人趙曾玖（佩瓊）在周叔昭離平赴津之際，在《留言冊》中寫道：

聚散、離合、悲歡、哀樂，
說是人生，還不如說是，一個夢，來得真確。
一切疑難臨頭，不要怕，這只是熔爐裡一點小小工作；
等你變成鋼，變成鐵的時候，
你會感謝你會自幸，
你曾經受過一次練磨，
人生只是一個夢，
夢醒後，一切一切，都依然故我！

人生雖是一個夢，
夢裡底歡欣，也會做成你臉上底笑渦。
幹吧，
現在的努力，將來的回憶！
點綴點綴你底夢，
可不要被你底夢來顛簸？

右近作〈一個夢〉錄呈
叔昭，我底小女兒簡底乾媽

趙佩瓊
二十六年七月十六日
南行計劃將實現而未實現的一天

瞿同祖（一九一〇—二〇〇八），字天貺，後改天況，生於湖南長沙，中國現代歷史學家，以法律史和社會史研究而著稱。出身世家，祖父為晚清大學

聚散，离合，悲欢，哀乐，
说是人生还不如说是：
一个梦，来得真确。
一切疑难险阻，
不要怕，这只是人鎔炉裡一点小小作；
等你变成铜，变成铁的时候，
你会感谢你会自幸，
你曾经受过一次练磨。
人生只是一个梦
梦醒，一切一切，都依然故我！
人生总是一个梦，
梦裡底欢欣，也会做成你脸上底笑涡。
幹吧，

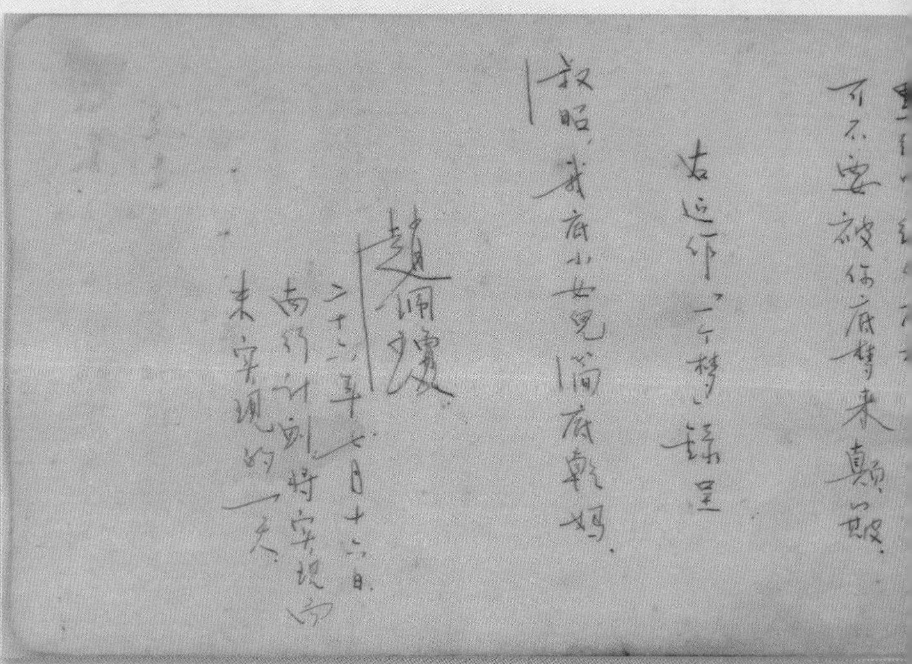
不安被你底替来顛皺.
右述你「一个梦」録呈
叔昭, 我底小女兒滿底乾媽.
趙佩瓊
二十二年七月十六日
尚有計劃將实現的
未实現的一天

趙佩瓊題詞

趙曾玖（佩瓊）

瞿同祖

士瞿鴻禨。父瞿宣治，先後任職於中國駐瑞士及荷蘭公使館，一九二三年病逝於法國馬賽。叔父瞿宣穎（兌之），曾任南開大學、燕京大學、輔仁大學等校教授，是著名史學家、文學家、書畫家。其《人物風俗制度叢談》為掌故學名著。瞿同祖因成績優異，一九三〇年保送燕京大學，主修社會學。同學中有費孝通、林耀華和黃迪，四人同年出生，均受吳文藻指導，合稱「吳門四犬」。

瞿同祖在燕京大學的最大收穫是認識趙曾玖，一九三二年，趙曾玖從培華女中考入燕京大學國文系，同年八月，兩人共結連理。

瞿同祖一九三四年畢業，繼續就讀燕京大學研究院，在吳文藻與楊開道指導下，研究中國社會史，一九三六年以論文《中國封建社會》獲碩士學位。該書以社會學觀點和方法研究古代中國社會，獲得普遍關注。一九三七年商務印書館出版，很快成為中國社會史研究領域的重要參考書。

據《吳宓日記》一九三七年四月四日云：「（下午）六點至成府嚴景珊宅，赴叔昭招宴。客為陳意女士（雖美飾，健談，而益見憔悴。）、梁思莊女士（即吳魯強夫人，今寡居，衣黑袍，不施脂粉，甚悲愁。）、楊開道夫人、瞿同祖（字天況），及其夫人趙曾玖（字佩瓊，所生女孩，名瞿簡，已呱呱在抱。）、曹君（景珊表弟，燕京學生）。主人則叔昭、煦良、珏良。」趙佩瓊長得甚美，吳宓在同年四月十日《日記》云：「宓仍深欣賞瞿夫人趙曾玖之美。是日作淡裝，服月白色（淺藍）綢夾袍，青皮鞋，面容昳麗，而臂圓肩廣，腰厚臀肥，行時搖蕩，益增健美。」又同年五月八日《日記》云：「寫舊譯Christina Rossetti生日詩二首，以賀叔昭生日。……中午十二時乘人力車至成府嚴宅，景珊已歸。是日為叔昭生日，蒙招宴。客凡二桌，皆常相過從者。其中仍以瞿夫人趙曾玖最美，吳淑英亦倩雅可愛。下午，景珊夫婦將赴濟寧；瞿同祖君亦留學英倫；即此小團體，類似宓之親戚朋友者，亦將分散，真不勝離合之感！」同年十月二十五日吳宓約熊人鎮到天津去探望葉企孫的病情，並決定是否南行。二十七日吳宓至周宅，「訪周珏良及嚴景珊、周叔昭夫婦，並見珏良之尊人周明暹（叔弢）先生。景珊夫婦邀宴於蘆湖飯店（西餐），珏良為導。」

一九三八年四月左珏（貞珏）在《留言冊》畫了〈五松圖〉題曰：「應叔昭四姊大雅之屬」，同年六月二十日又在《留言冊》題曰：

中國無以為寶
惟學者以為寶

真正的學者在今日中國真是無上的瓌寶
不識好學的四姊以此言為然否？

廿七年六月廿日　貞珏（鈐印：左珏）

一九三八年五月七日周叔昭前燕大英文系同學楊剛，在《留言冊》題詞：

書到用時方恨少
事非經過不知難

叔昭女士雅屬
剛　留字　廿七，五，七

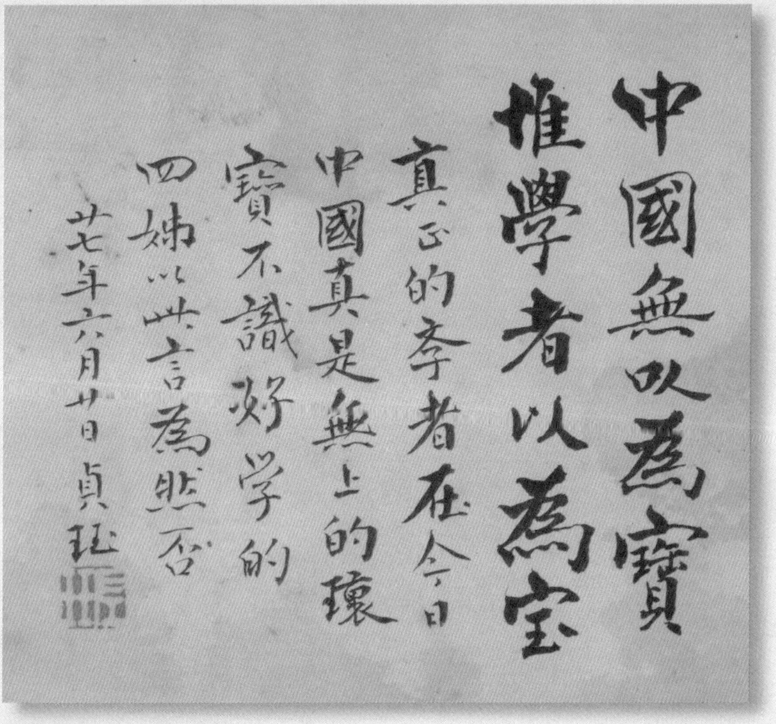
中國無以為寶
惟學者以為宝
真正的斈者在今日
中國真是無上的瓌
寶不識好学的
四姊以此言為然否
廿七年六月廿日 貞珏

左珏題詞

楊剛（一九〇五—一九五七），學名楊繽，筆名楊季徵（又作徵），是作家、記者。抗日戰爭時期，與彭子岡、浦熙修、戈揚被譽為後方新聞界的「四大名旦」（她與前二人還被人稱作「三劍客」）。一九二二至一九二七年，楊剛就讀於江西南昌美國美以美會創辦的葆靈女子學校。畢業後保送進入燕京大學。一九二八年就讀於英國文學系，受進步思想影響，一九三〇年與謝冰瑩、潘漠華、孫席珍等發起成立北方「左聯」。一九三三年畢業（延長一年畢業）。同年秋，應埃德加．斯諾的邀請，與蕭乾共同協助斯諾編譯中國現代短篇小說選《活的中國》。一九三六年與丈夫鄭侃（一九三〇年北大經濟系畢業，為宋斐如同班同學）一起在北平參與編輯《大眾知識》雜誌（顧頡剛主持）。一九三七年「七七事變」後，離開北平，在武漢和上海從事救亡運動。一九三八年將毛澤東《論持久戰》翻譯成英文。一九三九年夏在香港接替蕭乾任

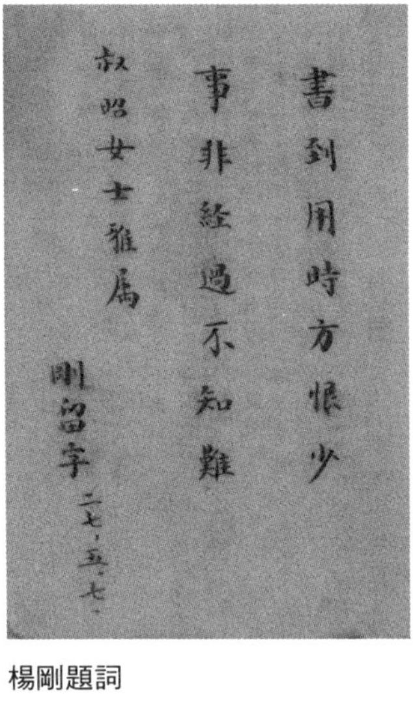

楊剛題詞

《大公報》文藝副刊主編。

一九三八年暑假，嚴景珊與周叔昭的堂弟歷史學家周一良和書法家吳家琭（玉如，一八九八－一九八二），一同在天津英租界為女青年會籌辦暑期補習班。周一良在《畢竟是書生》中回憶：「一九三八年夏，我的姊夫嚴景珊（嚴景耀之弟，原在南開大學經濟研究所工作，抗戰勝利後赴台灣，已逝世）與南大教授、著名書法家吳玉如先生（吳小如教授之父），在日本侵略勢力尚未達到的英租界女青年會辦了一期為中學生補習國（文）英（文）算（術）的暑期補習班。吳先生擔任高中國文，我擔任初中國文。補習班時間不長，對我卻是終身從事的教書生涯的開始。」據吳玉如的兒子吳小如（一九二二－二〇一四，歷史學家，北京大學教授）在〈《周一良集》札記〉文中說：「而太初先生（按：周一良）姐丈嚴景珊先生，昔年在南開大學工作，與先父同事，卻曾受業於先父。一九三八年暑假，景珊先生在天津辦暑期補習班，先父與太初先生同受聘為補習班教師，故太初先生敘及舊話，每言曾與先父同事。」吳玉如是公認的書法大家，早在四〇年代，吳玉如與沈尹默就享有「南沈北吳」的美譽。吳玉如十歲入天津新學書院讀書。到十二、三歲時，吳玉如寫小楷、行書已具有相當功力。一九一三年考入了天津南開中學，與周恩來同分在一個班級，又與周恩來同為學生組織「敬業樂群會」成員，周恩來任智育部長，吳玉如任演說部長。後考入了北京大學預科，再轉入朝陽大學。吳玉如的書法回歸「二王」，其書法成就的形成始於他去哈爾濱以後，也就是二十歲左右。因生活所迫，他獨自一人遠赴哈爾濱謀生。在哈爾濱的十七年時間裡，是吳玉如取得書法成就的黃金時期。一九三〇年，吳玉如隨同莫德惠、劉澤榮出使莫斯科，生活極其清苦。他常以書法消遣，先後完成了小楷《樂毅論》、《黃庭經》臨摹及草書《離騷》抄寫，後來被稱為「莫斯科三部曲」。「九一八事變」後，吳玉如定居天津。吳玉如在詩壇、書法界已經名噪一時。一九三五年春，南開大學校長張伯苓先生邀請吳玉如擔任南開大學商學院國文教師兼經濟研究所祕書。

吳家琭在周叔昭的《留言冊》寫道：

叔昭頗有丈夫氣而極樸素，實景珊之賢閫助也。

家道之興賴於中饋，人無內顧憂始能專心事業，叔昭豈長學而已赴。

家琭（鈐印：玉如）

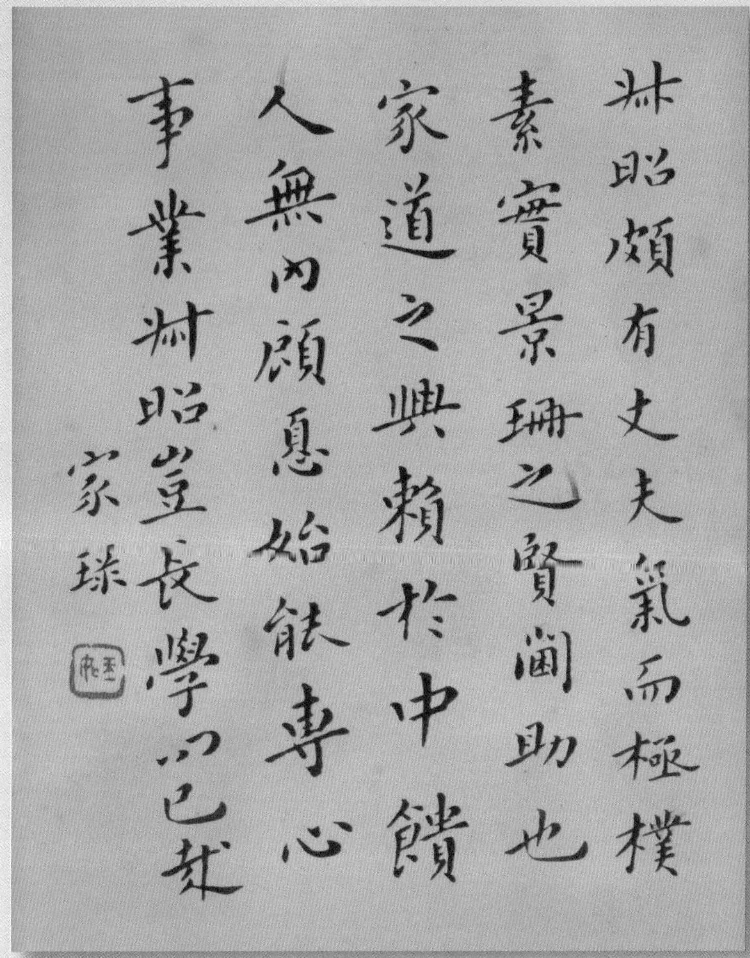
琳昭頗有丈夫氣而極樸
素實景珊之賢閫助也
家道之興賴於中饋
人無內顧憂始能專心
事業琳昭豈長學以已哉
家琭
吳家琭題詞

這期間周叔昭和堂弟們都聚集在天津周家，因此《留言冊》有堂弟周一良、堂弟媳鄧懿、堂弟周珏良、堂弟周杲良的題詞，就不足為怪了，因為平常散居各處，見面亦非易事。首先是一九三八年六月十四日周杲良的題詞：

Über allen Gipfeln
Ist Ruh
In allen Wipfeln
Spürest du
Kaum einen Hauch;
Die vögelein Schweigen im Walde
Warte nur, balde
Ruhest du auch.

戊寅初夏自習德文，讀哥德〈流浪者的夜歌〉頗喜其境意之安謐平息，默契於一宇宙千古，因錄之為吾家喜睡覺之四老姊頌，想自能有同感也。

弟 杲良書於風雨樓
1938 June 14

（〈流浪者的夜歌〉原是德文詩句，今根據梁宗岱的譯文）

一切的峰頂，
無聲，
一切的樹尖，
全不見
絲兒風影。
小鳥兒在林間夢深。
少待呵，俄頃
你快也安靜。

緊接著是周玨良的臨漢簡，周玨良一九三五年進入清華大學外國語言文學系，這一班學生中，王佐良、許國璋、李賦寧和他日後都成為了外語教學界泰斗。在北京時他和周叔昭就常見面，從上引《吳宓日記》亦可見之。周玨良

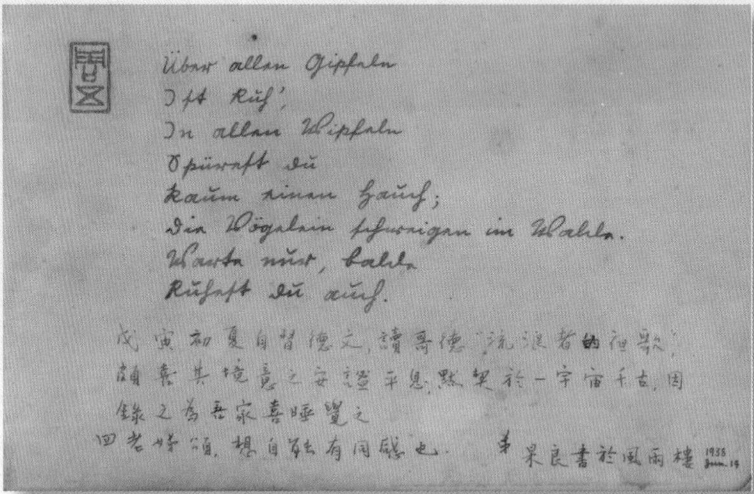
Über allen Gipfeln
Ist Ruh',
In allen Wipfeln
Spürest du
Kaum einen Hauch;
Die Vögelein schweigen im Walde.
Warte nur, balde
Ruhest du auch.

戊寅初夏自習德文，讀哥德「流浪者的夜歌」，
頗喜其境意之安謐平息，默契於一宇宙千古，因
錄之爲吾家喜睡覽之
四老娣領，想自能有同感也。　弟杲良書於風雨樓 1938 Jun. 14

周杲良題詞

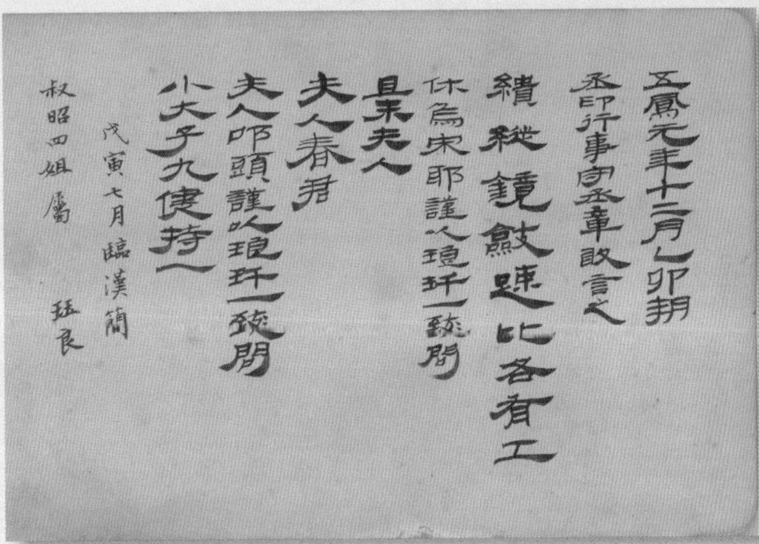
五鳳元年十二月乙卯朔
丞印行事守丞章敢言之
續縱鏡斂題比各有工
休烏宋耶謹以琅玕一致問
呈宋夫人
夫人春君
夫人叩頭謹以琅玕一致問
小大子九使持一
戊寅七月臨漢簡
叔昭四姐屬
珏良
周珏良臨漢簡的題詞

在周叔昭的《留言冊》臨了漢簡，並題上：「戊寅七月臨漢簡，叔昭四姐屬珏良」。周珏良是工書法的，他的最小弟弟周景良就說：「珏良一直到最後都在練字。他一九四〇至一九四一年左右從雲南回來，閒了兩三年，每天練字。我站在旁邊看，他就跟我講，隸書應該怎麼寫，筆應該怎麼下。我都是跟他學來的。《智永千字文》是怎麼回事，筆是怎麼鋪開的，他當場表演給我看，這一套東西他說得最清楚，所以我能說得很具體。實際上，我父親，還有他的好朋友勞篤文先生，包括我的四叔周季木，他們這個圈子的共識是：你要學『二王』，《智永千字文》就是正宗的『二王』筆法。」

再接著是堂弟周一良錄先祖周馥《負喧閒語》一則於周叔昭的《留言冊》上，我在最開頭已經解說過，在此不贅。同時周叔昭的堂弟媳鄧懿，也就是周一良的夫人在同年八月十一日也題詞道：

身安靜宇蟬初蛻，夢繞南華蝶正飛。臥一榻清風，看一輪明月，蓋一片白雲，枕一塊頑石。直睡的陵遷谷變，石爛松枯，斗轉星移。長則是抱元守一，窮妙理造玄機。

四姊有好睡之名，因錄馬東籬陳摶高臥太華山一曲以應雅令。雖雲山縹緲，未必可朔。若得常持斗○○情妄之，蒼生之道也。

懿　戊寅年中元後一日

鄧懿中引用元代初期雜劇作家馬致遠（東籬）的雜劇《西華山陳摶高臥》中【三煞】的曲子，來形容周叔昭的好睡，這和前面的周杲良以哥德〈流浪者的夜歌〉中的詩句來「為吾家喜睡嚳之四老姊頌」有異曲同工之妙。鄧懿（一九一四—二〇〇〇），一九三二年畢業於天津南開中學，後來保送燕京大學國文系。她的大學畢業論文《納蘭詞研究》得到導師的好評。當時燕京仿效美國，也有「斐陶斐榮譽學會組織」，名稱取自三個希臘字母，意思是德智體。畢業生中成績優異者可被推薦成為會員，並獲「金鑰匙」，鄧懿和周一良都有此殊榮。鄧懿從燕京大學畢業後，又考入清華大學中國文學研究所為研究生。周一良原是輔仁大學歷史系的學生，一九三二年轉學到燕京大學歷史系二年級插班。第二年春天，燕京的學生們組織到泰山、曲阜旅行。同學們在泰山頂上的玉皇嶺過夜時，周一良的錢包和大衣被竊，次晨祇好狼狽地裹著棉

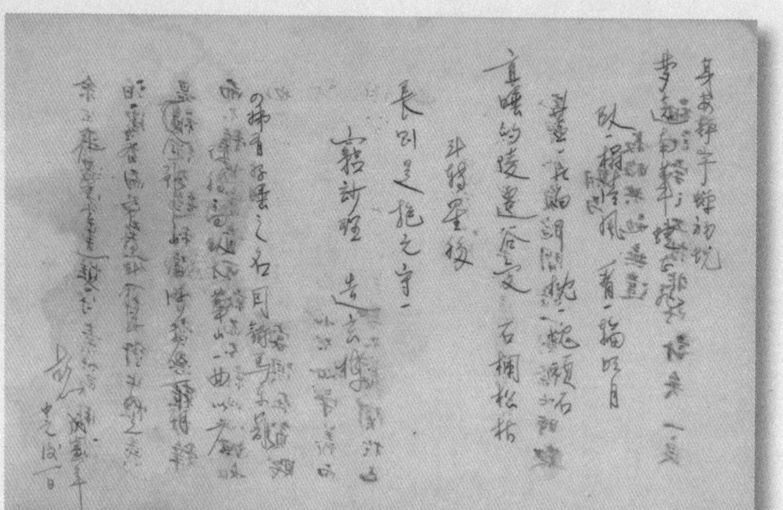

鄧懿題詞

被向同學借錢。國文系一年級的鄧懿慷慨解囊相助。自此，兩人成了戀人。一九三七年春訂婚，一九三八年四月三日在天津結婚。燕京同學們認為他們定情在泰山，便稱他倆為「泰山情侶」。這個浪漫的稱呼，如今鐫刻在他們的墓碑上。墓碑上鐫刻的對聯，其中一聯是：「自古文史本不殊途，同學同事同衾同穴，相依為命，數十載悲歡難忘」，正是周一良和鄧懿夫婦一生鶼鰈情深、甘苦與共的寫照。

周叔昭〈春節憶舊〉文中說：「抗戰八年中，由平赴津，後又赴港，去了內地」，據一九三九年三月二十日的《吳宓日記》云：「晨八時，嚴景珊自津、港至。宓陪導入城，至文化巷十一號訪周玨良。……旋宓與玨導景珊出，至登華街南開經濟研究所。」而周景良在〈雜憶二哥周玨良〉文中說：「記得一九三八年，他（周玨良）從天津經香港、越南到雲南去西南聯大（先到蒙自，後到昆明。因為起初文學院在蒙自）。完成他因抗戰開始而中斷的大學教育和研究生學習（仍是作為清華大學學生而不是聯大學生）。」是知周玨良在一九三八年已到昆明要繼續完成他的學業。而嚴景珊曾於一九三六年秋考入南開大學經濟研究所，後因盧溝橋事變而輟學。但他到了一九三九年三月二十日才到雲南昆明。

又據吳宓一九三九年十一月九日日記云：「……即偕珏良至護國街，維新街，七十四號吳文藻宅，訪日昨到此之周叔昭。下午六時宴叔昭及珏良於冠生園（$12）。鄭僑未到。八至十時再至叔昭寓中坐談。食柿。見吳文藻，瞿同祖。」由此可知吳文藻宅在昆明維新街的門牌號是七十四號，吳文藻是在一九三八年應雲南大學校長熊慶來力邀，來創辦社會學系，並成為首任系主任的。一九三八年十一月二十四日雲南大學舉行改為國立後的第一次開學典禮，開學典禮前幾天費孝通也來了，他剛從英國倫敦大學經濟政治學院獲得博士學位，博士論文為《江村經濟》。他師從的人類學家馬林諾夫斯基稱許他的論文：「我敢於預言費孝通博士的《江村經濟》一書將被認為是人類學實地調查和理論工作發展中的一個里程碑。此書有一些傑出的優點，每一點都標誌著一個新的發展。本書讓我們注意的並不是一個小小的微不足道的部落，而是世界上一個最偉大的國家。」[1] 吳文藻看到愛徒的傑出成果，馬上推薦給雲大校長並簽下聘書。

一九三九年十一月二十日周叔昭在吳文藻家中也見到昔日的同學費孝通、瞿同祖，和費孝通後來繼娶的妻子孟吟、費孝通的學生張之毅等人，吳文藻和兩代學生一同在周叔昭的《留言冊》簽名留念，吳文藻寫上「吳文藻　維新街七十四號，一九三九，十一，廿」。當時瞿同祖在雲南大學任教，兼任西南聯合大學講師。據瞿同祖的回憶[2]他是在「一九三八年隻身南下，在重慶街頭巧遇楊開道先生，他當時在貿易委員會任調查處處長，知我尚未找到工作，便聘我為處員。五個月後，適吳文藻先生和費孝通同學在雲南大學成立社會學系，邀我前去。我遂於一九三九年夏到達昆明。」期間，瞿同祖撰寫了一生最重要的著作《中國法律與中國社會》。當時的寫作條件極其艱苦，為了躲避空襲，瞿同祖和費孝通等一起住在了雲南呈貢縣的農民家裡，每個禮拜都騎馬到火車站，然後坐火車到城裡去上課，上完課又坐火車，再騎馬回來。

兩天後，費孝通兩度（上次是一九三四年七月一日）在周叔昭的《留言冊》題詞：

> 剛是五年。又逢舊友，可是並不在夢境似的故國名園，而在這邊地戍

1 見《Peasant Life in China》（《江村經濟》）的序文，英國Routledge書局出版，一九三九。

2 瞿同祖、趙利棟，〈為學貴在勤奮與一絲不苟——瞿同祖先生訪談錄〉，《近代史研究》，二〇〇七。

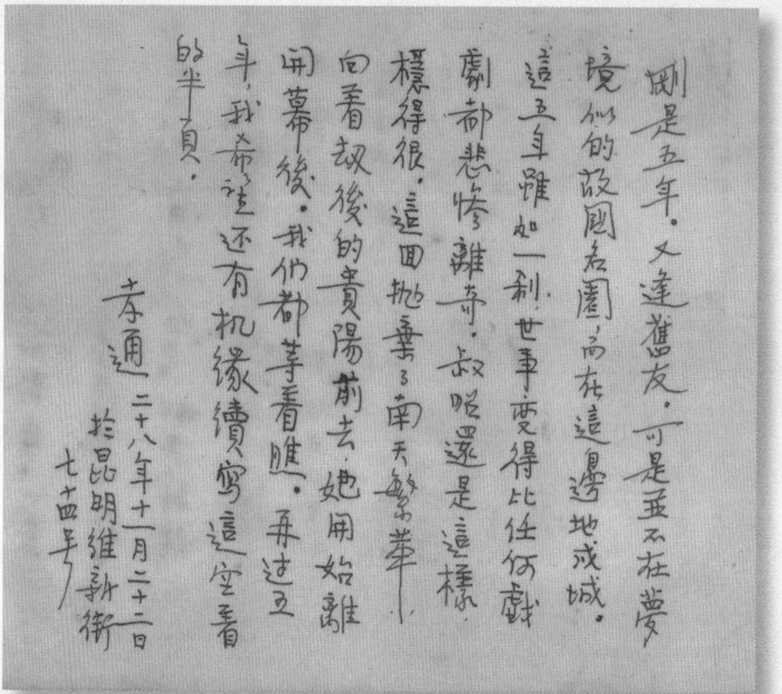
剛是五年。又逢舊友。可是並不在夢
境似的故國名園，而在這邊地成城。
這五年雖如一剎，世事變得比任何戲
劇都悲慘離奇。叔明還是這樣
樣得很。這回拋棄了南天繁華，
向着劫後的貴陽前去。她開始離
開幕後。我們都等着瞧。再过五
年，我希望还有机缘續寫這空着
的半頁。

孝通 二十八年十一月二十二日
於昆明維新街
七十四号

費孝通題詞

城。這五年雖如一剎，世事變得比任何戲劇都悲慘離奇，叔昭還是這樣穩得很，這回拋棄了南天繁華，向著劫後的貴陽前去，她開始離開幕後。我們都等著瞧。再過五年，我希望還有機緣續寫這空著的半頁。

孝通　二十八年十一月二十二日於昆明維新街七十四號

此時的費孝通將近而立之年，正值國難當頭，時局的困境中是真摯的對話和對未來的期許。五年的時間對費孝通而言是刻骨銘心的，他經歷了人生的生離死別。

事情要倒回七年前，在一九三三年，費孝通在一次聚會上認識了同系的學妹王同惠。王同惠（一九一〇—一九三五）一九三三年考入燕京大學社會學系，也在吳文藻門下求學。吳文藻說：「我得識王同惠女士，是在民國二十三年的秋季，我的『文化人類班』的班裡。二十四年春她又上了我的『家族制度』班。從她在班裡所寫的報告和論文，以及課外和我的談話裡，我發現她是一個肯用思想，而且是對於學問發生了真正興趣的青年。等到我們接觸多了以後，我更發現她不但思想超越，為學勤奮，而且在語言上又有絕對的天才，她在我班裡曾譯過許讓神父（La P.L. Schram）所著的《甘肅土人的婚姻》一書（譯稿在蜜月中完成）；那時她的法文還不過有三年程度，這成績真是可以使人驚異。」[3] 在譯書的過程中，王同惠對費孝通說，我們中國人的事情為什麼要讓一個法國的神父來寫呢，為什麼我們自己不寫？寫一本中國人類學的書成了他們共同的理想和抱負。兩人相識之初，並非一見鍾情。費孝通後來回憶說：「我們兩人相識時似乎並沒有存心結下夫妻關係，打算白頭偕老，也沒有那種像小說電影裡常有的浪漫鏡頭。事後追憶，硬要找個特點，那就是自始至終似乎有條看不見的線牽著，這條線是一種求知上的共同追求。……牽住我們的那條線似乎比鄉間新郎拉著新娘走向洞房的紅綢更結實。」一九三三年，費孝通在燕京大學畢業，考入清華研究院社會學系讀研究生，師從著名人類學家史祿國教授，而王同惠則繼續留在燕京大學社會學系讀書。一九三五年暑假，費孝通從清華研究院畢業，獲得了碩士學位，同時考取了出國留學的資格。此時國民黨新桂系正在提出「建設模範省」，邀請全國的專家到廣西調查研究。在吳文藻推薦下，費孝通獲得桂系的援助，得以前往大瑤山開展田野考察。此時，王同惠還是大學三年級的學生，她十分樂意和費孝通一同去廣西考察。為了方便同行，兩人決定提前結婚。他們的婚禮在清華和燕京大學是引起了轟動。廣西原本是荒蠻之地，而大瑤山更是窮山惡水。一九三五年十二月十六日，在調查途中王同惠不幸遇難，費孝通摔成重傷，悲痛欲絕的費孝通將帶去的藥品，包括消毒水都全部吞下，只求與王同惠同死。見到愛妻的遺體時，費孝通掙脫攙扶的人決意將頭摔向放遺體的大石頭，幸好村民早有防備才免於一難。隨後，瑤民派專人守護著他。費孝通在《花籃瑤社會組織》一書的後記裡也寫道：「同惠死後，我曾打定主意把我們兩人一同埋葬在瑤山裡，但是不知老天存什麼心，屢次把我從死中拖出來，一直到現在，正似一個自己打不醒的噩夢！」「結髮為君妻，席未暖君床。暮婚晨告別，無奈太匆匆！」新婚僅一〇八天，妻子已逝去，費孝通心中無限悲涼。

一九三六年一月二十一日費孝通躺在廣州柔濟醫院的病床上，為關心他的好友寫了一封感人至深的長信：

耀華，叔昭，景珊和其他的朋友們：

---

3 見《花籃瑤社會組織》一書的吳文藻的導言。

感謝你們給我的信，在枯魚身上灑一些清水總比整天在烈日下曝曬好得多。我本應當早就寫信給你們，因為我也明白看著人家受苦的人的心理，有時會比當事人更難受，但是我幾次沒有寫成。腳骨開刀後終天躺著，雖然不很痛，可是也怕驚動它，靜躺著已有一星期了。

……

我們本已說好瑤山出來，我們要開始華北社會組織的研究。因為，該書所有材料都是現存的。我不知為什麼常覺得這計劃不易實現！結果真的，教我如何著手呢？！她在臨死前一天晚上，我們兩人相對向著火，還說：「孝通，什麼時候我們那部《中國社會組織的各種型式》能夠出版呢，那時，我們相對抽一會煙是多麼有意思。」我說：「再等二十年總有一些把握。」耀華，同惠的野心你們是知道的，但是她的能力是出了燕京才使我發覺的。我不但為我自己悲痛喪失了我的同工，也為我們隊伍發愁，要再得到像同惠一樣的戰士，真是件沒有把握的事。

……

我和同惠一起到江口。我拋下她，一個人到梧州，又到廣州，離她日遠，在一兩個月內我的腳還不能自由行動，所以不能安葬她。我這浮泊的生涯，本已泊住了港，狂風又把我吹入深海，不知又要吹到何處？所以我決定要把同惠葬在一個公共的場所，我明知這漂泊的生涯不會允許我的骨灰將來也附著她葬在一起，在她寂寞的孤墳上，只能讓後世的同情者來憑弔了。省政府已下令讓同惠葬在廣西大學並立碑記事以示永久。若是朋友中有過梧州的，總望大家能去看看她。我總覺得她是沒有死，不過睡著罷了，寂寞冷落的睡著罷了。[4]

同年底，他遠離中國，遠離傷痛之地，到了英倫求學。一九三八年八月，費孝通獲得博士學位後，決定回國。鄉土中國是費孝通的學術所在，也是情感所繫。在此後的六年，費孝通一直是雲大社會學系教授兼系主任。一九三九年費孝通第二次結婚，夫人叫孟吟，據費孝通三哥費青的兒子費皖在《我的叔叔費孝通》書中說：「嬸嬸和我媽媽在江蘇省第二女子師範學校上學時是同班同學，那時候她已經結婚，同學們常常拿這事同她開玩笑，畢業後同

4 《費孝通文集》第一卷，頁三六〇—三六二，群言出版社，一九九九。

我媽媽一起去南洋教書。抗戰時期因丈夫病重回國，不久丈夫去世，經我父母介紹去了昆明，與孝通叔叔相識，一九三九年兩人結為伉儷。嬸嬸幹活麻利，不管什麼時候，家裡總是收拾得整整齊齊、一塵不染，是個持家好手；她又是個熱情、好客、善良的人。……為了躲避轟炸，他們搬到呈貢鄉下，租了一間『下面一半是房東的廚房，一半是他們的豬圈』的廂房住下，在『樓下的炊煙和豬圈所免不了的氣味』的『薰陶』下住了五年。」

張之毅（一九一四—一九八七），一九三九年七月，畢業於西南聯大歷史社會學系，在西南聯大時即上過費孝通的課，畢業後到雲南大學執教，加入了費孝通主持的燕京大學—雲南大學社會學工作站（即著名的「魁閣」研究室）。關於這個站是吳文藻考慮洛克菲勒基金對燕京大學清河實驗基地建設的做法，也許在雲大也可以走這條路，於是他寫信向司徒雷登報告取得支持，成立了這個工作站。但由於吳文藻此時已身兼數職（系主任、法學院院長），無法親自主持因此交給費孝通。費孝通首先將他已在祿村進行的實際調查工作納入工作站，當時的一些年輕人如張之毅、史國衡、田汝康、谷苞、李有義、胡慶均等先後加盟工作站。張之毅與費孝通一道深入楚雄州境祿村和易村從事社會學調查研究。費孝通寫出了《祿村農田》，張之毅寫出了《易村手工業》。

這兩本社會學著作為認識當時的中國農村走出了可喜的一步。

周叔昭一度與冰心一家過從甚密，冰心〈亂離中的音訊——論抗戰、生活及其他〉中的第一封信[5]就是寫給周叔昭的，那是一九四〇年六月二十七日，身居雲南呈貢的冰心，當時在呈貢師範學校還當義務教師，她寫信向周叔昭講述生活的艱辛和抗戰必勝的信念。冰心信中說：

叔昭：

得你信真是快慰極了，你們「家」有如此設備，再有好傭人，在亂離中已是如天之福了，我們也是對於我們的環境萬分知足，生活比天還高，可是我們的興致並不因此減低，從前是月餘吃不著整個的雞，現在是月餘吃不著整斤的肉（一斤肉一元六角），我們自慰著說：「肉食者鄙」，等到抗戰完結再做「鄙人」罷。其他一切都好，宗生整天還在憧憬著「小羊」的故事，總問我「姊姊幾時還來？」我說：「一時怕來不了罷。」他就很悵然，大妹學著認字

5 冰心此信刊於《婦女工作》第三卷第二期。

似乎比宗生聰明一點，二妹是像一隻扯著滿帆的船，到處駛，到處觸礁，可是一天總是笑嘻嘻的，亂離時代，小孩子是個累贅，也有時是安慰，凡事都有兩方面，是不是？文藻昨天飛渝，赴農建協進會去，假如他這次不到貴陽，再假如他下次是坐小車去，我就希望到你的小家裡去喝一杯貴州茶。景珊好否？工作已開始否？一切均在念中，貴州朋友，見面請都代為問好，別的下次再說，寫慣了信，就容易再寫，請你以後要Keep up 寄無限之愛念。

冰心倚枕

二九年六月二七

冰心和吳文藻是一九三九年夏天搬到呈貢的，它是一個不大的縣城，冰心的家在三台山半山腰的華氏墓廬，冰心稱之為「默廬」。據冰心的傳記作家王炳根說當時冰心，「三個孩子都小，兒子開始上學，路不遠，在山那邊，男孩獨立，一個人自己來回；兩個女兒跟在身邊，學寫字，學看畫，要聽故事，冰心常被糾纏，煩得不行。平日冰心稱大女兒為大妹，說她學著認字似乎比哥哥聰明一點，稱小女兒為小妹，像一隻扯著滿帆的船，到處駛，到處觸礁，一

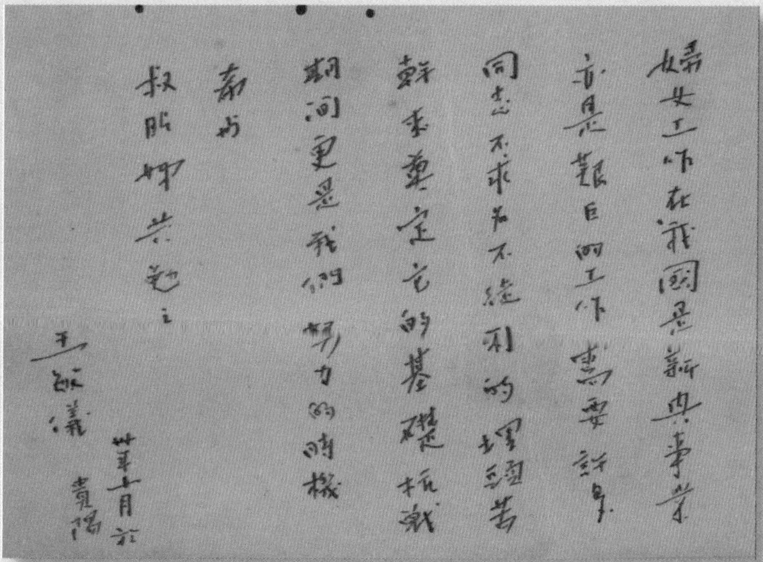

婦女工作在我國是新興事業
亦是艱巨的工作 需要許多
幹來奠定它的基礎 抗戰
期間更是我們努力的時機
共勉之
王敏儀

王敏儀題詞

天總是樂呵呵的，樓上樓下的衝，一次從樓上一路滾下來，還好是木樓梯，不曾碰傷，卻是嚇出母親一身冷汗，等將小女兒抱起來之後，哇的一聲哭了，才鬆了一口氣。」「吳文藻依然在昆明，週末，便從城裡回到呈貢，先是坐小火車，花去一元四角錢，再騎馬轡行八里，才算到了默廬的家。」

一九四一年十月周叔昭在貴陽遇到同樣是做婦女工作的王敏儀，她在周叔昭的《留言冊》寫道：

婦女工作在我國是新興事業亦是艱鉅的工作，需要許多同志不求名不徒利的埋頭苦幹來奠定它的基礎，抗戰期間更是我們努力的時機。希與叔昭姊共勉之

王敏儀

卅年十月於貴陽

王敏儀是燕京大學化學系畢業，後入美國哥倫比亞大學研究院主修教育，獲碩士學位。一九三六年夏，省主席熊式輝為了改良婦女生活和推進婦女工作，到北平邀請燕京大學社會學系教授雷潔瓊、家政學系主任陳意到江西開

辦家政學校，在雷、陳兩人因故不能來贛的情況下，他接受她們的推薦，聘請北京香山慈幼院院長熊芷來南昌，參與主持全省城鄉婦女工作。於一九三七年二月擴大改組江西省婦女生活改進會，聘請熊芷為江西省政府婦女指導員，王敏儀為總幹事，管梅蓉、潘玉梅為副總幹事，專責領導全省婦女工作。同年三月，王敏儀在〈紀念「三八」節〉[6]中明確指出：「我們不反對賢妻良母的主義，同時我們並贊成提倡全國全世界的男子都成為賢夫良父。要知道賢妻良母不過是婦女一部分的責任，絕對不是婦女唯一的天職。我們所贊成的是以人格為本位的賢妻良母主義，絕不是『三從四德，重男輕女』的盲從主義。」針對人們常把一般只顧自身的享樂、置家庭於不顧的女子，作為「婦女應該回家去」的藉口詞，她強調：「其實自強不息的女子，絕不是如此的，一個真正有才學的婦女，她們有克勤克儉的毅力，和不畏艱難的精神，吃得起苦，負得起責任，能夠犧牲一切來謀人類的幸福，絕不講表面的享樂，和空言求平等的……現在一般負擔社會事業的婦女們，那一個不是負著做事理家雙重責任

6 王敏儀，〈紀念「三八」節〉，《江西婦女》創刊號，一九三七年三月八日。

呢？況且忠於事業的婦女，常是組織快樂家庭的模範主婦。」王敏儀後來還在馮玉祥將軍夫人李德全於一九四五年發起成立並擔任理事長的「中國婦女聯誼會」擔任理事。

一九四三年周叔昭在貴陽遇到吳元俊（一九一二—二〇〇一），她是當時任貴州省政府主席吳鼎昌的女兒。吳鼎昌（一八八四—一九五〇，字達詮），曾被臨時大總統孫中山任命為新成立的中國銀行首任總經理。中國銀行作為南京臨時政府的中央銀行，首要解決的是設計貨幣圖案，發行新貨幣。據後任《大公報》、《文匯報》總編輯、與吳鼎昌共事多年的徐鑄成先生回憶，吳鼎昌言及此事，頗為得意：「當中國銀行商量鈔票圖案時，我曾去請示孫先生。我說各國鈔票有兩種款式，一是以偉人頭像為標誌；一種為垂之久遠，每以各該國對鑄幣有功者的像刻上。我們因此想出兩種方案，一是以先生的像印上；另一種是追溯歷史，相傳周公是最早創立幣制的人，用周公像為圖記。兩議請先生定奪。」孫中山聽其彙報後毫不猶豫地說：「你們第二個設想好，就用周公的圖像好！」所以，在國民政府成立

吳元俊

前，中國銀行發行的鈔票都是印有周公圖像的。此後，他專心於金融、實業，先後辦成三件大事：辦銀行——一九二二年一月，任鹽業、金城、中南、大陸四行儲蓄會主任，成為金融集團的首腦；設報館——一九二六年盤購天津《大公報》，自任社長，並兼《國聞週報》社及國聞通訊社社長，又組織《大公報》新記公司，以「不黨、不賣、不私、不盲」原則將《大公報》辦成中國第一流的報紙；建飯店——在上海靜安寺路（今南京路）建成遠東最高的國際飯店，成就了一代建築大師貝聿銘，實行完全現代化管理，聲譽遠勝於華懋等外商大飯店。這三大事業的成功開展，促進了當時民族產業的振興，並鼓舞了民族資本家的發展熱情。一九三七年任貴州省政府主席、滇黔綏靖公署副主任、貴州全省保安司令等職。主黔期間，提出「開發貴州、支援大西南」的口號，主張「省政的關鍵在於縣政」，任用賢能，重視民生，發展教育，開發經濟。創辦了貴州大學、貴陽醫學院及貴陽師範學院，使貴州教育得到空前發展；提出「人力開發」，使「人無三分銀」的貴州成為商賈雲集、經濟流通的後方基地，有力地促進了貴州生產力的發展。吳鼎昌治黔期間，對貴州的建設功勳卓著。一九四八年任總統府祕書長，一九四九年一月辭職去香港。一九五〇年八月二十二日病逝。

吳元俊和周叔昭其實還有一層關係，因為她是周叔昭堂弟周一良在燕京大學國文專修科的同學。周一良在回憶錄《畢竟是書生》提到她說：「燕京大學設有訓練中學國文教員的兩年制國文專修科，不需任何文憑與資歷，只考中文和史地。我於是在一九三〇年夏報考了燕大的國文專修科，以第一名錄取。……國文專修科的學生自由選修國文系課程，沒有限制，我選了容庚先生的《說文》研究……同在容先生班上的有吳元俊（後嫁劉廷蔚教授），頗善篆書。」劉廷蔚（一九〇三－一九九四）一九二九年燕大生物系畢業，畢業後留學美國康乃爾大學獲博士學位，回國後任上海滬江大學生物學教授，並代理生物學系主任。其《北京蜻蜓目昆蟲生活史及分類研究》是中國有關蜻蜓研究最早的論文之一。他一直從事病蟲害的防治工作，他的同學戲稱他為「昆蟲博士」。劉廷蔚多才多藝，也是一位詩人。詩作經常在大哥劉廷芳主編的《生命月刊》和《真理與生命》上發表。一九三一年，劉廷芳將其結集，以《我的杯》為名交中華基督教女青年會出版，也由此捕獲了畢業於燕大國文專修科的女同學吳元俊的芳心。沈從文曾撰文稱許劉廷蔚的詩集《山花》：「這集中，作者劉廷

劉廷蔚

蔚，有用透明的情感，略帶憂鬱，寫出病的朦朧的美，如題作〈我不忘記〉的一詩，是我最歡喜的。」

一九三九年，劉廷蔚、吳元俊夫婦帶著新生兒子來到貴陽，請吳鼎昌賜名，吳鼎昌當即取名叫「榮黔」（黔是貴州的簡稱，據旅居加拿大的名攝影家劉榮黔告訴筆者，他一九三八年在上海出生，四個月後去貴州，劉家是基督教家庭，他是榮字輩，原名榮恩，因外祖父任貴州省主席，外祖父將恩字改為黔字）。吳元俊也因此和周叔昭相遇了，吳元俊在周叔昭的《留言冊》上題詞：

靜如泰山
動如霹靂
叔昭專心編撰「婦女工作」文章銳健，敬錄成語以壽
叔昭之筆
元俊時同客貴州（鈐印：元俊）
三十二年一月

劉廷蔚後來，供職中國農村復興聯合委員會，一九四八年從廣西桂林隨農

静如泰山

動如霹靂

叔昭專心編撰「婦
女工作」文筆銳健
敬錄成語以壽
叔昭之軍

元俊特同客
貴州
三三年一月

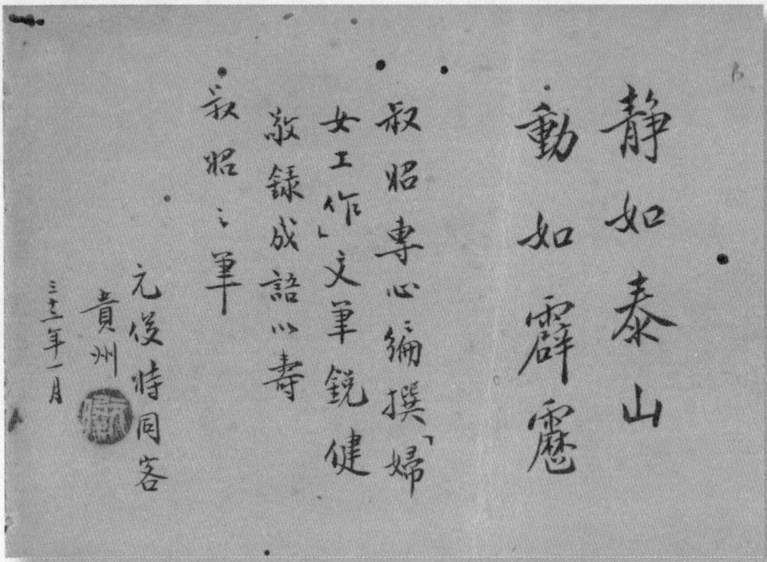

吳元俊題詞

復會到台灣，一直從事病蟲害的防治工作，成了名副其實的昆蟲博士了。《胡適之先生年譜長編初稿補編》記載：「（一九六〇年）二月八日（星期一）上午，劉廷蔚先生來訪，劉廷蔚是劉廷芳的最少的弟弟，康乃爾大學出身，今天是為康乃爾大學同學會來請先生吃飯的。」胡適也是讀康乃爾的，後來才去哥倫比亞大學。

同時周叔昭的《留言冊》上還有吳陳適雲（一八九八—一九六二）的花卉畫，題有「叔昭同志」，落款是「吳陳適雲　三十二年元月」，字是吳元俊代題的，並有「吳陳適雲」鈐印。吳陳適雲是吳鼎昌夫人，也就是吳元俊的母親。當時她雖貴為省府主席夫人，但推動婦女運動不遺餘力，還擔任貴州省新運婦委會主任委員。宋美齡在〈我將再起——中國婦女工作〉一文中還曾大力讚揚吳陳適雲說：「省主席夫人直接對常務委員會負責，主持全省婦女工作。貴州省主席吳鼎昌夫人，……每天都到辦公室督導，對於工作落後的人員隨時策勉，在她精明督策下，貴州工作委員會的進展——極為令人樂觀。婦女指導委員會所發動的任何行動，貴州總是立刻響應不落人後的。」

一九四四年在貴陽（又稱筑垣）周叔昭的一位女性友人殷涓在她的《留言冊》上，題有很長的一段話，在兩年的相識過程中，她有擁有一段寶貴的友

貴州省婦女工作委員會（劉榮黔先生提供）

誼，她這麼寫著：

俄國有一句成語是：「Где крестьяне, там и хлеб」

這句的意思是：「有農民的地方，那裡也就有五穀」，我想改一個意思：「有叔昭的地方，那裡也就有善美」（安靜，和平，舒適之感等等）。

卅一年冬，叔昭常於晚七時後來吾家，時兩兒已入睡鄉，渠時帶來之花生果、瓜子拿出，並將炭火加大，圍火漫談，以遣寒宵，油燈雖暗淡，然舒適之感直如在天堂，渠賜我之快樂夜晚，實予我一極深之印象。

有一天在叔昭那裡頑，他們的貓丟了，她知道了後說：「彭奶一定很難過，因為前幾天就丟了一隻，這隻是剛剛又買來的，彭奶一定很著急，我絕不責備她一句，等會她來告訴時，你也幫著安慰安慰她。」在我眼目中的叔昭是：心地善良，加上有極高修養的性格，學識豐富，但是一點不露鋒芒。

記得我認識她兩年後才曉得她的英文是那樣好，再之後才曉得她也懂法文（雖然那兩年中我們已經很熟，而我也已經很熟識了她那很怪的歪著頭稍稍斜

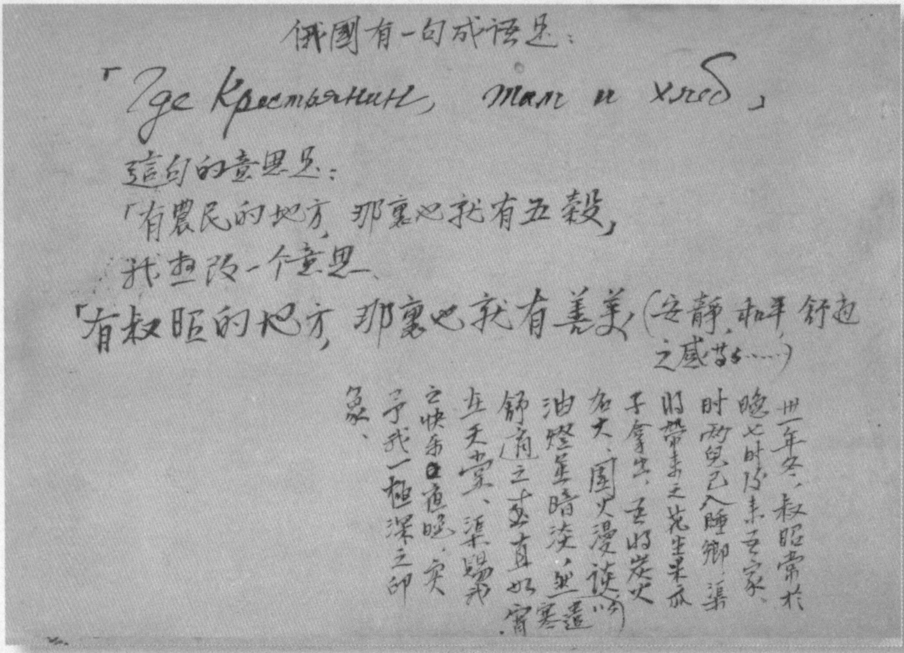

俄國有一句成語是：

「Где крестьянин, там и хлеб」

這句的意思是：

「有農民的地方，那裏也就有五穀」

我想改一个意思、

「有叔昭的地方，那裏也就有善美」（安靜、和平、舒適之感等……）

卅一年冬，叔昭常於晚七时許来吾家，时兩兒已入睡，卿、渠則帶来之花生米取子拿出，吾則炭火旺大、圍火漫談，以油燈星暗淡，並遣寒舒適之氣直如宵在天堂、渠歸我之快樂直臨，實予我一極深之印象、

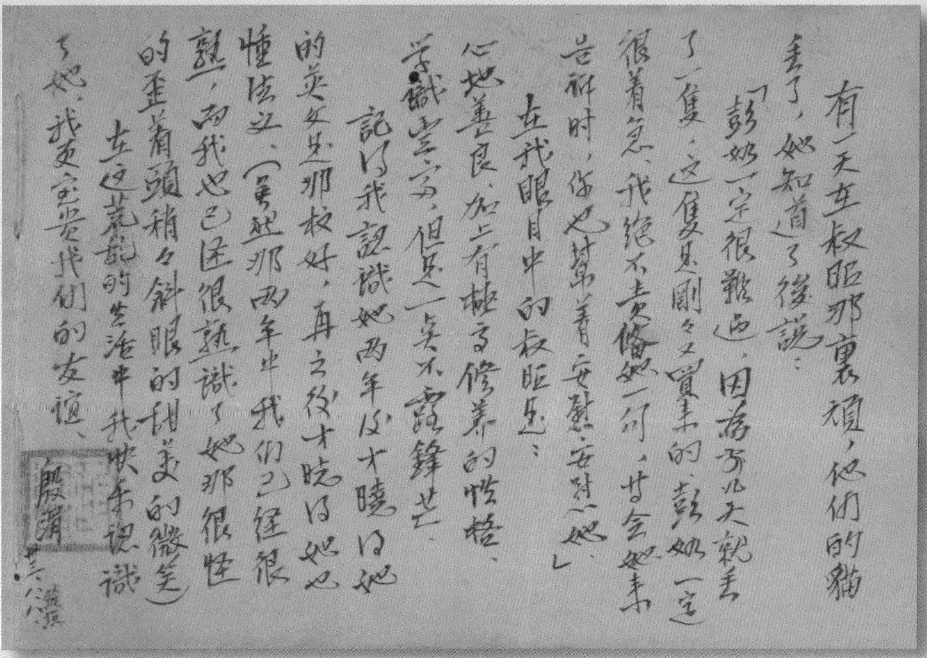

有一天在叔昭那裏玩，他們的貓
丢了，她知道了後說：
「彭奶一定很難過，因為前几天就丢
了一隻，這隻是剛々又買來的，彭奶一定
很着急，我總不去陪她一陣，等会她來
告訴時，你也幫着安慰安慰她」
在我眼目中的叔昭是：
心地善良，加上有極高修養的性格，
學識豐富，但是一点不露鋒芒，
記得我認識她两年以才曉得她
的英文是那樣好，再之後才曉得她也
懂法文，（當然那两年中我們已經很
熟，而我也已經很熟識了她那很怪
的歪着頭稍々斜眼的甜美的微笑）
在這荒謬的生活中，我快樂認識
了她，我更珍貴我們的友誼，
殷涓
六二、八、

殷涓題詞

眼的甜美的微笑〉。

在這荒亂的生活中，我快樂認識了她，我更寶貴我們的友誼。

殷涓　卅三，八，八（鈐印：殷涓）筑垣

而同年中秋節劉景德也在周叔昭的《留言冊》上，題寫《舊約》〈傳道書〉的一段話：

事情的終局強如事情的起頭；存心忍耐的，勝過居心驕傲的。你不要心裡急躁惱怒，因為惱怒存在愚昧人的懷中。不要說先前的日子強過如今的日子，是什麼緣故呢？你這樣問，不是出於智慧。

智慧和產業並好，而且見天日的人得智慧更為有益。因為智慧護庇人，好像銀錢護庇人一樣。惟獨智慧能保全智慧人的生命。這就是知識的益處。

恭錄《舊約》〈傳道書〉第七章八至十二節以應
叔昭之囑
劉景德　卅三年中秋於貴陽

一九四四年十月三十日于永滋（樹德，一八九四——一九八二）、張印方夫婦在周叔昭的《留言冊》題上：

既是文章魁首
又是仕女班頭
叔昭女士
張印方　于永滋
三三，十，三十

于樹德於一九〇九年考入天津北洋法政學堂，期間加入中國同盟會，並參與了辛亥革命。一九一八年與好友周恩來一同前往日本留學。他在京都帝國大學攻讀經濟學，並在日本學者河上肇的影響下開始瞭解馬克思主義。期間他與

事情的終局，強如事情的起
以存心忍耐的，勝過怎驕傲
的，你不要心裡急躁惱怒，因為
惱怒存在愚昧人的懷中，不要說
先前的日子強過如今的日子
是什麼緣故呢，你這樣問，不
是出於智慧，智慧和產業
並好，而且見天日的，得智慧
更為有益，因為智慧護庇
人好像銀錢護庇人一樣，惟獨
智慧能保全智慧人的生命
這就是知識的益處。

恭錄傳道書十七章八至十二
十六年八月八日
共勉之嗄

劉景德於廿三年中秋

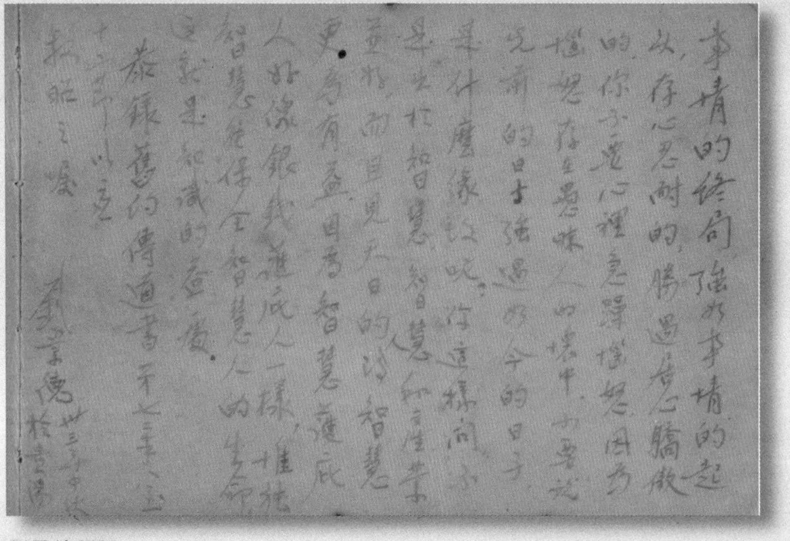

劉景德題詞

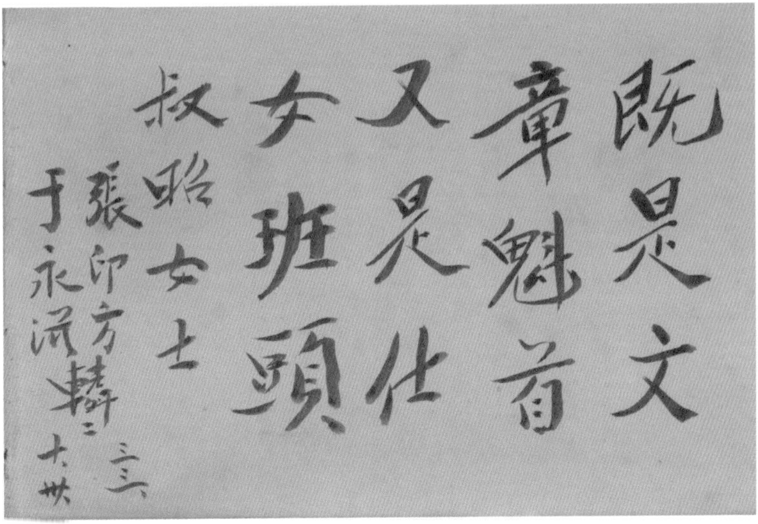

張印方、于永滋題詞

周恩來、安體誠等加入了「新中學會」並出任執行幹事。一九二一年返國，任教於母校天津法政專門學校。一九二二年在李大釗（北洋法政同學）、羅章龍介紹下加入中國共產黨，並任天津共產主義小組組長。一九三一年在燕京大學教授合作理論，並任華洋義賑救災總會農利股主任、貴州省合作委員會管理處處長等。抗日戰爭期間參與組織中國工業合作協會，曾任副總幹事。張印方是張之洞後裔，曾擔任天津婦女救國會執行委員。

一九四四年十一月二十九

日周叔昭在貴陽遇到翁培華和沈莫哀，沈莫哀畫了幅一片山川寄情以贈，並在畫上題「來此好尋詩　叔昭親家囑　莫哀」並鈐印：莫哀。翁培華則在周叔昭的《留言冊》上題寫：

寧靜以致遠
淡泊以明志
願以
叔昭親家共勉

培華（鈐印：翁培華）
三三，十一，廿九　於筑垣

翁培華和沈莫哀兩人資料甚少，只從田本相、阿鷹所編《曹禺年譜長編》（上海交通大學出版社，二〇一七年一月）查得一九四二年八月「貴州國風劇社上演《日出》。導演沈莫哀。演員陳容麥放明飾陳白露，沈定飾方達生，何適飾潘月亭，張文典飾張喬治，朱光彥飾顧八奶奶、翠喜二角，趙彤飾李石清，哈國珍飾李太太，曹藻飾胡四，翁培華飾小東西，王風飾小順子，陸錚飾李福升。（〈山城看《日出》〉，《貴州日報》，一九四二年八月十五日。）據舒明撰文，演員陣容是：何適飾潘月亭，麥放明飾陳白露，沈定飾張喬治，趙彤飾李石清，劉子東飾福升，王洪飾方達生，朱光彥飾顧八奶奶、翠喜二角，哈國珍飾李太太，華谷萍飾黃省三，曹藻飾胡四，翁培華飾小東西。（〈貴陽抗戰話劇活動拾零〉，《抗戰時期西南的文化事業》，頁三〇九。）

又同年十一月二十五日，《曹禺年譜長編》記載：「貴陽國風劇社在省黨部預演《原野》。導演沈莫哀。演員陣容：卡妮飾金子，羅俊友飾仇虎，麥放明飾焦大媽，趙彤飾焦大星，王洪飾白傻子，劉浪飾常五。（〈《原野》的前奏〉、天峙，〈《原野》我觀〉、李德芳，〈觀《原野》演出〉，《民報》，一九四二年十一月二十六日；黑子，〈看《原野》歸來〉，《貴州日報》，一九四二年十一月二十八日。）」由此看來翁培華是國風劇社的演員，沈莫哀則是該劇社的導演。

沈莫哀的題詞與畫

寧靜以致遠
淡泊以明志
願與
叔昭親家共勉
培華
三三.十一.十九
于筑垣

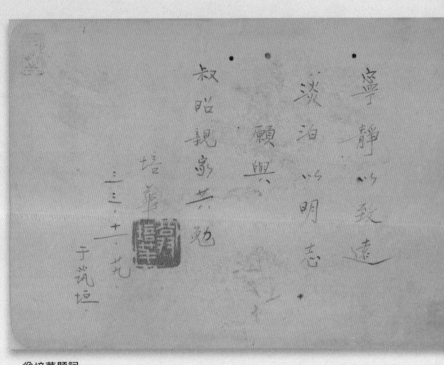

翁培華題詞

第六章

南湖詩社：與林蒲（艾山）的一段友誼

據一九四五年《燕大通訊》第一卷第四期稱：「嚴景珊及夫人周叔昭女士現均在貴州畢節。嚴氏任貴州銀行經理，生活甚好云。」其實從冰心一九四〇年六月二十七日給周叔昭的信，我們就可得知周叔昭和嚴景珊早在冰心寫信前就已經在貴陽了，而且有個安適的小「家」。後來在貴州畢節周叔昭認識也在畢節的林蒲（艾山）和陳三蘇這對夫婦，林蒲是西南聯大的首屆畢業生，於一九三八年畢業。一九三九年，在貴陽花溪清華中學任教。其實據《吳宓日記》的注說一九四四年九月二十六日由嚴景珊、李振麟陪著吳宓去謁貴州省財政廳周詒春（按：一九一三年八月，曾任清華學校第二任校長）廳長。次日遵周詒春命，由李振麟陪吳宓赴花溪參觀清華中學，可惜嚴景珊沒去，否則有可能當時就認識林蒲。

林蒲一九四五年秋在周叔昭的《留言冊》題上：

〈老舟子〉
抱一幅古老的地圖，輕輕地攪碎
記憶裡的清影於無波的水上……
曾有珊瑚停足結成的大島

候鳥成群跨海而來
嘔心血為他人而築巢，
乃無尤怨懸崖的黑色影
遮斷水外天和日，舊時的記憶嗎？
劏平喜馬拉雅！
填不滿的，平靜的海呵！
（晨起美女的慵懶殘裝，
痛失夢裡採集的日、月、星、辰）
應苦心祈求你，保住雍穆的臉面如鏡
無始為舟者驚駭千里外的歲序風濤……
縱然一朝
迷途冰極上
點數，點數……
冰海的遊雲
冰山雪，冰上的群鷗，鷺
鷗鷺（嫌太陽暫且涼）

蹀躞無風與冰
經萬年未被侵蝕的冰原
宛若沉思哲者
（滿足於獨自拖帶的長影）
更無從戀慕分沾一份江南春了：
一彎碧草，一段新綠，
一番停泊，一回剝落的，
帶青春而俱去的望潮。
（沙灘上尚遺點點夢
幾道當年的夢笑，殘痕）
海，一切思慕者的家，
寧靜，就寧靜下來罷；
無使白了頭髮的舟子
重又翻動千里外的歲序和風月。

這是十餘年前舊作，時日遷移，感情和記憶一樣古老和模糊了。最近來畢節，偶然見到李義山的：「永憶江湖歸白髮，欲迴天地入扁舟。」始而廢然，覺得自己太嚕嗦，太瑣碎；繼而慰藉，「情意若點線」，一些頂抽象的東西，或許真可以用某些方式來衡量，來表達。叔昭兄，依您的內外性格，或者有可能同意這看法和想法。

林蒲　一九四五年秋於畢節

通訊處：福建永春蓬壺仰賢樓

或：

上海法租界新永安街復興里東南公司林培青轉

林蒲原名林振述（一九一二—一九九六），福建省永春縣蓬壺鎮人，筆名有艾山、林蒲。是著名的詩人、哲學家。泉州初中業後，就讀泉州黎明高中和上海立達學園，因病回鄉，轉入廈門集美高中，畢業後，考上北京大學，攻讀英文和哲學。抗日期間，北大、清華、南開三校組成長沙臨時大學，後遷昆明。他參加該校組織的湘黔滇徒步旅行團，由長沙步行至雲南昆明，到蒙自上課。臨時大學改名為國立西南聯合大學，他是首屆學生，於一九三八年畢業於西南聯大英語系。一九三九年，在貴陽花溪清華中學任教。林蒲才華橫溢，早

老舟子
抱一幅古老的地圖，輕輕地撕碎
記憶裏的清影於無波的水上……
曾有珊瑚停足結成的大島
候鳥成群路海而來
嘔心血為他人而築巢，
乃無光怒聳崖的黑色影
遮斷水外天和日夜呼的記憶嗎？
剷平喜馬拉雅山
填不滿的平靜的海呵！
(晨起美女的慵懶殘裝，
痛失夢裏採集的日月星辰)
應若心祈求你保住痛楚的臉面如鏡
無使為舟者窺千里外的歲月風濤……
縱然一朝
迷途冰粒上
點數點數：
冰海的遊雲
冰山雪水上的層層疊疊……

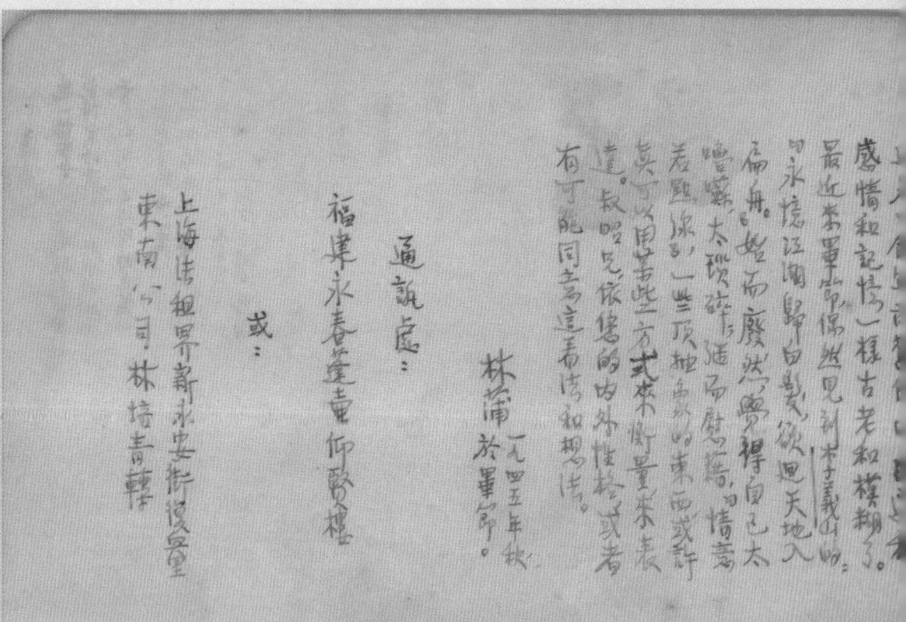

感情和記憶一樣古老和模糊了。
最近來畢節偶然見到李義山的：
"永憶江湖歸白髮，欲迴天地入
扁舟。"始而廢然，覺得自己太
嚕蘇，太瑣碎了；繼而慰藉，"情意
若蹤跡"，一些頂抽象的東西或許
真可以用某些方式來衡量來表
達。叔明兄，依您的內外性格，或者
有可能同意這看法和想法。

林蒲 一九四五年秋
於畢節。

通訊處：
福建永春蓬壺仰賢樓
或：
上海法租界新永安街復興里
東南公司．林培青轉

林蒲題詞

在抗日之前就嶄露頭角，在朱光潛主編的《文學雜誌》發表小說。他同情民間疾苦，在巴金主編的，魯迅、茅盾諸名家作品薈萃的《文學叢刊》第十期發表中篇小說《苦旱》，在重慶烽火社的《烽火小叢書》發表短篇小說〈二贛子〉。又在香港《大公報》文藝副刊發表五萬多字的長篇文學通訊《湘西行》，對湘西獨特的風俗民情描繪得十分生動。他很多作品都經沈從文之手推薦在《大公報‧文藝》發表。他在〈沈從文先生散憶〉文中說：「頭幾篇讓朋友們看到後，代為轉給了當時編香港《大公報》文藝副刊的蕭炳乾兄。蕭兄發表時在篇前加了些按語，沈先生看過後，便約我談話。從那時起，我深深感到和沈先生談話，真有如久旱的禾苗逢甘雨一般生機盎然。從此，我成了沈先生寓所的常客。……大約自一九三八年到一九四八年十年間，我和沈先生有過無數次的面談，到了貴陽花溪後，我與沈先生每週約有二三次書信交往，沈先生給我寫了不少單條、對聯。」

一九四七年胡適為他寫了赴美留學的推薦信，一九四八年初得到美國哥倫比亞大學的入學通知書，隨即遠渡重洋，赴美入學，至一九五五年榮獲哥倫比亞大學博士學位。五〇年代，艾山與美術史專家顧獻樑、歷史學家唐德剛等在紐約發起組織了「白馬社」。隨後文史家周策縱、哥倫比亞大學音樂系主任周文中、《未央歌》作者鹿橋（吳訥孫）、耶魯大學教授黃伯飛等相繼加盟。胡適稱之為中國新文學運動海外第三中心。自一九五七年起，先後在克萊夫林大學和路易斯安那州南方大學等校任英文和哲學教授，也曾到台灣任台灣師範大學教授。一九六五年晉升為美國南方大學哲學系主任一職長達二十餘年，直至一九八九年退休，南方大學贈予「終身榮譽哲學教授」的光榮稱號，仍任該校顧問。八〇年代初，艾山應摯友《紅樓夢》法文譯者李治華之邀加入歐洲華人學會。八〇年代中，艾山又應菲律賓《聯合日報》總編施穎洲之邀參加菲華文藝協會。一九九四年春，澳門寫作學會特邀他和夫人參加學會年會暨寫作學討論會，會後回國探親，又到敦煌參觀，在北京受到文學界老一輩朋友們的熱情接待。回美國後，不幸於一九九六年三月二十三日在路州貝城逝世，享年八十四歲。主要著作有《暗草集》、《埋沙集》、《艾山詩選》等。美國威斯康辛大學東亞語文系主任、國際知名的文史專家周策縱在《艾山詩選》序言中說：「七十年來，中國新詩隨著近代西洋詩和五四新文學發展，由早期的意象派到象徵派，到後來的現代派和後現代派，脈絡可尋。……艾山早期的詩像《暗草集》所代表的三十年代和四十年代，已有超越意象而走向象徵和現代的趨勢。……艾山中期的詩以五十年代的《埋沙集》為代表，這兒現代主義的風格越來越加強了。詩人對語言更求精煉，對形式更求謹嚴，對格律更為警覺……意象的跳躍，辭藻的濃縮，更為顯著。」他博通古今中外各種哲學理論，尤其崇尚老莊哲學，用十年時間，參閱上千冊有關書籍，翻譯了《老子道德經暨王弼注》（《王弼注》是首次英譯本），做到信、達、雅，深受名家讚賞，推崇為最佳譯本，被許多大學採用為課本和主要參考書。

而陳三蘇則在同年八月二十五日在周叔昭的《留言冊》題上：

〈催眠曲〉為這一代的孩子們作

夏夜微涼佈散在空氣裡，
如喜悅，輕盈穩定滲透我的心；
愛的人兒靜謐入夢了
如小舟渡進無波的水面。

蛙聲，蟋蟀的伴奏，和天上繁星一般熱鬧，
交織我們綺麗的夢境，

有時溫柔的夜雨，和著你平勻的呼吸，
在幽幽的夜裡指點我思想的路程。

靜靜的睡吧！孩子！
沒有犬吠，白日空襲的驚險
也沒有驚悸過你天使樣的心。
「可憐的孩子，才點點大，便遭逢亂世！」
「他懂那樣呢？將來，等他懂得的時候，
他們的世界是昇平的世界！」

靜靜的睡吧！孩子！
你們前一代人在屈辱裡蒙垢，
又從屈辱裡抬頭，
為的是叫你們夢裡得平安。
我叫繁星，蛙聲，蟋蟀伴奏的綺麗的夢境
滋養你幼稚的天使樣的心，

我叫我們的血，和憂患，
豐潤你的生命，與生命的記憶。

將來等你懂得的時候
等你過著昇平世界的昇平日子的時候，
你會懂得為什麼
繁星的夏夜一定要有暴風雨
驚潮駭浪後怎樣才能再有無波的水面……

靜靜的睡吧！孩子！
靜夜裡，讓我偷偷夢夢你的夢，
夢裡，讓喜悅輕盈穩定滲透我的心。
靜靜的睡吧！孩子！
夜雨要來了！讓你平勻的呼吸
在幽幽的夜裡指點我思想的路程！

叔昭姊：你幹過婦女工作，又幹過保育工作；你體驗過人生，也拿你矯健的筆描畫過人生。我相信你對於在苦難中的婦女和兒童，和對於自以為幸福而其實過著不合理生活的婦女，有著深切的同情和了解，我更相信，特別是對於我們希望與理想所寄託的下一代，你有著無垠的熱愛！

上所錄舊作是抗戰前途最黯淡的時候寫下來的。在抗戰勝利的今天，讀來更有一番淒苦與喜悅的況味在心頭。叔昭姊，想你也有同感罷？

陳三蘇　卅四年，八，廿五　畢節

陳三蘇，筆名羽音，廣東南海人，她是沈從文的好友陳占元（一九〇八—二〇〇〇）的妹妹，陳占元畢業於法國巴黎大學。回國後歷任福建改進出版社編輯部主任，廣西教育研究所研究員，明日出版社總編輯，北京大學西語系教授。譯著有長篇小《歐也妮．葛朗台》（新譯本）、《農民》、《山，水，陽光》，傳記文學《裴多菲傳》等。在翻譯界也赫赫有名，是中國翻譯界先驅。一九三四年，魯迅與茅盾創辦了翻譯雜誌《譯文》，陳占元那時就是《譯文》的積極參與者與重要譯者，與魯迅先生有過直接的接觸。抗戰時期以

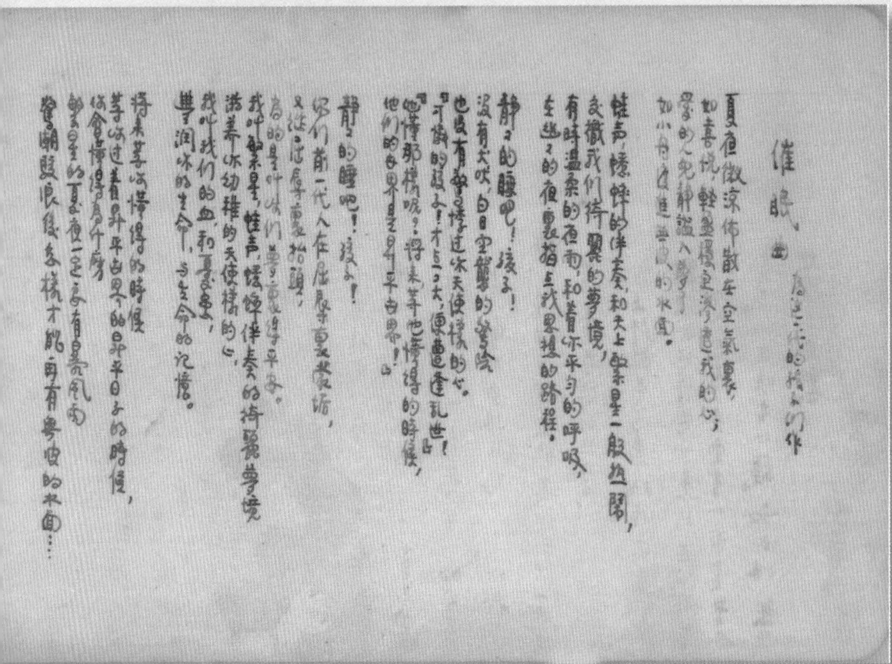
催眠曲　為[illegible]的孩子們作

夏夜微涼佈散在空氣裏，
如喜悅，輕盈地浸透我的心；
夢的小鬼神溜入夢了
如小舟滑進無底的水面。

蛙声，蟋蟀的伴奏，和天上繁星一般熱鬧，
交織我們綺麗的夢境，
有時溫柔的夜雨，和着你平勻的呼吸，
在幽幽的夜裏指点我思想的路程。

靜靜的睡吧！孩子！
沒有大吹，白日空襲的驚險
也沒有煩憂侵擾過你天使樣的心。
『可憐的孩子！才三三大，便遭逢亂世！
他懂那樣呢？將來等他懂得的時候，
他們的世界是昇平世界！』

靜靜的睡吧！孩子！
你們前一代人在屈辱裏受苦，
又從屈辱裏抬頭，
為的是叫你們夢裏獲得平安。
我叫繁星，蛙声，蟋蟀伴奏的綺麗夢境
滋養你幼稚的天使樣的心，
我叫我們的血，和夏夜的雨，
豐潤你的生命，與生命的記憶。

將來等你懂得的時候
等你過着昇平世界的昇平日子的時候，
你會懂得為什麼
[illegible]的夏夜一定要有暴風雨
驚醒後多[illegible]才能再有安安的水面……

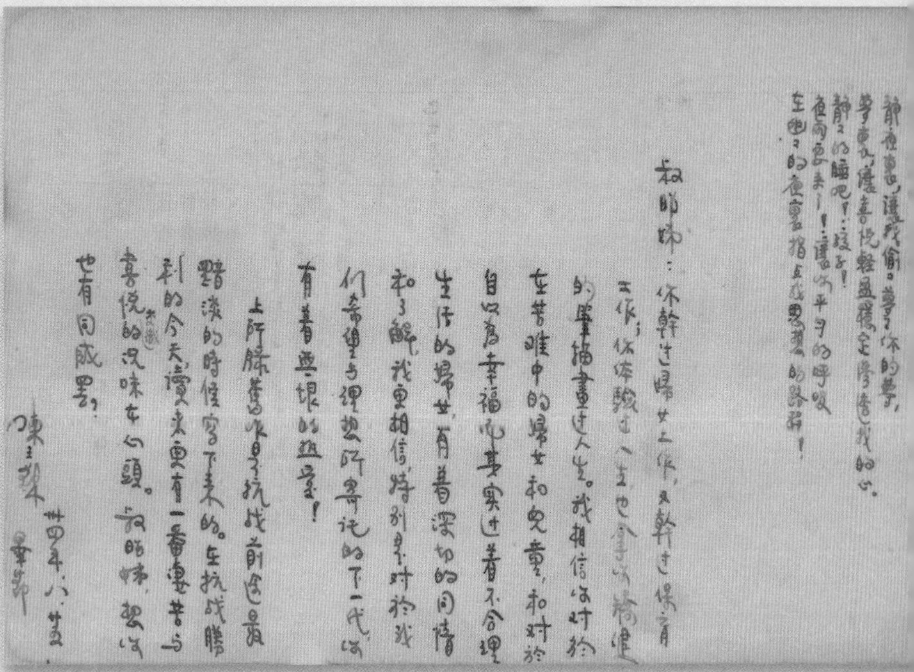

靜夜裏，讓我們夢夢你的夢，
夢裏又讓喜悅輕盈穩定著我的心。
靜靜的睡吧！孩子！
夜雨裏美美！讓你平勻的呼吸
在幽幽的夜裏指出我思想的路程！

叔明姊：你幹过婦女工作，又幹过保育工作；你体驗过人生也拿你的矯健的筆描畫过人生。我相信你对於在苦难中的婦女和兒童，和对於自以為幸福而其实过着不合理生活的婦女，有着深切的同情和了解，我更相信，特別是对於我們希望与理想所寄托的下一代，你有着無垠的热爱！

上所錄舊作是抗战前途最黯淡的時候寫下來的。在抗战勝利的今天（太遲）讀来更有一番悲苦与喜悅的況味在心頭。叔明姊，想你也有同感罢？

陳三蘇 卅四年八、廿五 筆節

陳三蘇題詞

及整個四〇年代，陳占元先生在中國文化領域裡也做出了許多重要貢獻。陳三蘇也是西南聯大的畢業生，她和林蒲由同窗好友於一九三八年西南聯大英語系畢業後結為終身伴侶，形影不離。陳三蘇精通語言學和英語教學法，先後受業於語言學家羅常培、李方桂、王力等教授，對廣州話、台山話、廈門話和西南大後方的花苗話也很有研究。美國哥倫比亞大學的博士。在美國從事英語教學，曾四次受美國政府委託，主持培訓中小學英語教學師資，並當選為全美英語教師學會大學部委員。台灣中央研究院院士顧一樵對文化界許多名人誇讚說：「我們華人真了不起，有一對姓林的博士夫婦在教美國人英語及英美文學！」林語堂也稱讚她教英語「必定得到美國全國性的認可」。

另外周貞一則在一九四五年九月二十二日在畢節農場為《留言冊》題上：

人說叔昭喜睡，我卻信她常獨醒。人生哀樂，她有更深一層的體會，她的傑作將給我這話以確證。

叔昭姊存

貞一　卅四，九，廿二　畢節農場

據周貞一的女兒趙明和老師提供的相關資料，得知：周貞一（一九〇九—一九七四），貴州貴陽人。父親為著名愛國民主人士周素園，一九四二年，任川黔邊防督辦公署祕書長。一九四九年，任貴州省人民政府副主席、副省長。同時是貴州第一張報紙《黔報》的創辦人和主筆。自幼失母的周貞一在北京、漢口等地度過童年。一九二一年隨父回黔，為協助父親養家活口，高中畢業即做了教師，於一九三五年考入南京金陵女子大學，大二時轉學到北京大學。七七事變，隨北大遷長沙，之後遷蒙自、昆明，一九三九年畢業於西南聯大中文系。在校期間參加「南湖詩社」。畢業後在上海遷貴陽的大夏大學任教。四十年代初期與趙發智在貴陽相識，後結為夫妻。趙發智一九三四年畢業於南京中央大學農學院，四十年代時在貴州農業方面已頗有建樹。他還第一個在貴陽引進法國梧桐樹種並種植成活，在畢節第一次種出花椰菜等等。四十年代中期到畢節接任專區農場場長並兼建設科科長，繼續大力推廣美煙的試種和開發。一九四三年，與貴州第四行政督察專員廖興序、永豐鹽號總經理劉熙乙、專署祕書黃通、建設科長趙發智、教育科長李思齊、國大代表劉裕遠等七人組成，辦起《西黔日報》。周貞一和李妻劉澤中受委託參與撰寫社論，一九四五年，仍是上述七人買斷在湖南發行的《力報》發行權在貴陽辦報。此前後幾年周貞一與報界關係比較密切，同一時期原「南湖詩社」的穆旦、杜運燮等有部分詩作發表於《貴州日報革命軍詩刊》，推測可能與她的介紹有關。一九五〇年後曾在師專和中學任教直到退休。文革期間趙發智多年關牛棚隨時被批鬥遊街，子女則不能升學、難以就業，

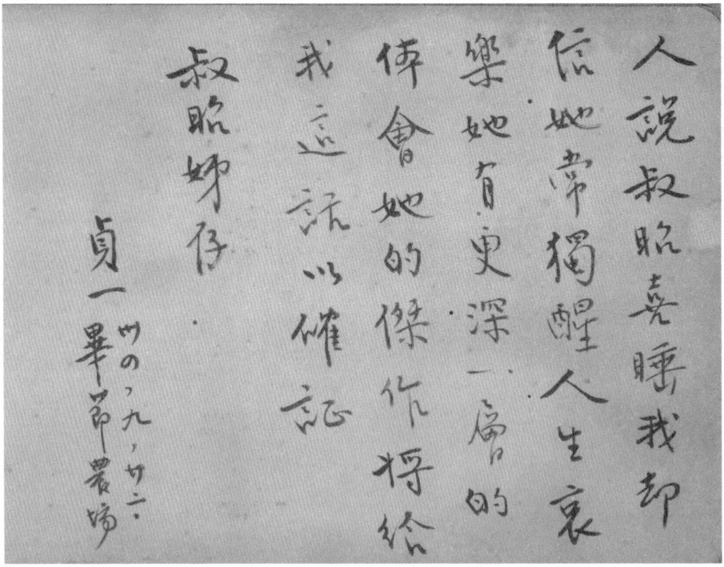

周貞一題詞

且處處受歧視。在巨大的壓力面前，周貞一始終保持了清醒的頭腦、長遠的眼光、凜然的氣質和做人的尊嚴，也成為了子女學習的榜樣。然而長期壓抑的處境使她不幸漸染重疾不治，於一九七四年十月病逝於貴陽。

由於林蒲、陳三蘇、周貞一都同屬「南湖詩社」的成員，因此我們對此社團有必要做一介紹。「南湖詩社」是西南聯大的第一個文學社團，它的起源來自於「湘黔滇旅行團」。抗戰軍興，北京大學、清華大學和南開大學遷往湖南，組成「國立長沙臨時大學」。後來長沙遭轟炸，學校決定再次播遷昆明，遷徙中分海路、陸路和步行三者進行，其中步行者稱「湘黔滇旅行團」，共有二百五十三名學生，十一位教師，從一九三八年二月二十日起程，至四月二十八日到達昆明，歷時六十八天，行程一千六百七十一公里。其中有中文系的向長清和教育系的劉兆吉，在旅程中萌發成立詩社。在朱自清、聞一多等老師的支持和鼓勵下，一九三八年五月二十日南湖詩社在蒙自成立。起初詩社並未定名，而後因文法學院坐落於南湖之濱，所以將詩社的名稱定名為南湖詩社，社員主要有向長清、劉兆吉、劉重德、劉綬松、陳士林、陳三蘇、李敬亭、周定一、林蒲、趙瑞蕻、穆旦、周貞一、高亞偉、李鯨石等二十餘人。「南湖詩社」出有壁報《南湖詩刊》四期，當時是把稿件貼在牛皮紙或舊報紙上，然後張貼在學校教學區原海關大院大門進去不遠的牆上，算是公開刊出。刊登過的詩作有百首，多為抒情短詩，也有諷刺詩和長詩。據學者宣淑君說：「有些詩無論從內容和藝術上看都是上乘之作，例如，穆旦的〈我看〉和〈園〉，顯示出詩人早期詩作的特色，是詩人成長道路上的重要作品；趙瑞蕻的〈永嘉籀園之夢〉長兩三百行，充滿浪漫才情，被朱自清稱為『一首力作』；林蒲的〈懷遠（二章）〉、〈忘題〉等具有濃厚的現代主義氣息，開西南聯大現代主義詩歌之先河；劉重德的〈太平在咖啡館裡〉等諷刺詩在師生中流行，譽滿校園；周定一的〈南湖短歌〉很精美，傳誦蒙自數十年……這些詩代表了南湖詩社的最高成就。」作為一個文學社團，「南湖詩社」僅存三個多月，實在太短了！因為一九三八年八月聯大從蒙自遷到昆明，二十七日學生離開蒙自，「南湖詩社」就成為歷史名詞了，改稱「高原文藝社」，刊出壁報《高原》，舉辦過文藝講座，一九三九年五月結束。

沈從文在他主編的《今日評論》的作者介紹欄中稱林蒲為「西南青年作家中最有創造性之作家」。而林蒲自己說：「指示他學習方向的是中學時代的業師梁披雲，影響他的哲學思想的是熊十力、湯用彤，影響他文體的是沈從文。」他的筆名林蒲是業師朱光潛據他的英文名林保羅譯音書贈的。當年西南聯大名師雲集，他受到胡適、陳寅恪、湯用彤、聞一多、朱自清、朱光潛、沈從文、葉公超、錢穆、賀麟諸大師的薰陶，又是英國著名的現代派詩人威廉·燕卜蓀（William Empson）的得意門生，故在三十年代就能寫現代詩，受到聞一多、朱光潛、戴望舒等讚賞，因而開現代詩時期的先河。他的散文因受沈從文影響，《湘西行》在香港《大公報》副刊上發表後被誤認為出自沈從文手筆。周叔昭認識林蒲不久後，他就於一九四八年攜妻赴美留學，而次年周叔昭隨夫攜女赴台，兩人天各一方，但魚雁往返，保持長久的友誼，一九七九年周叔昭在台灣出版《月兒彎彎》，兩人還有不同程度的合作關係，這留待下一章討論。

周叔昭文章說「勝利後離黔去川」，這是由於嚴景珊在貴州銀行畢節分行調到重慶的貴州銀行之故。在重慶時吳宓還有意追求周叔昭的五妹周叔嫻，周一良在〈吳宓先生與周氏兄弟姊妹〉文中說：「在一九四八年以前，吳宓先生還有一段羅曼史。對方就是我的堂姊周叔嫻。周叔嫻畢業於蘇州東吳大學法律系，曾任律師，與國民黨左派徐謙之子徐璋（哥倫比亞大學化學系教授）結婚……抗戰後期徐璋準備回美國，故而有離婚之議。一九四六年八月間，吳先生與周叔嫻在重慶首次見面，吳先生在日記中說，『嫻才氣縱橫，議論風生，以其列印之英文詩集一部贈宓。』後來周煦良數度致函，『託宓為其妹周叔嫻在武大、浙大、聯大謀教職，謂嫻決將與徐君離婚，而其人具有文學天才，欲兄妹相依也云云。』周叔嫻被吳先生推薦到武漢大學任外文系講師。吳先生初遇叔嫻就不像過去對女人那樣注意其容貌衣飾等等，而是欣賞其才氣和學識。」

周一良這段話在時間上有些許錯誤，查一九四六年三月八日《吳宓日記》有提到在這之前周煦良兩度致函為其妹謀職之事（一是一九四五年十二月二十八日從上海的來信，一是一九四六年二月十九日從揚州的來信），吳宓說：「明日宓函叔嫻索履歷。附寄宓詩印稿，託寄煦良。」而直到同年八月他們才在重慶首次見面。八月二十日吳宓從成都出發，次日夜十一時抵達重慶貴州銀行職員宿舍，吳宓說：「景珊、叔昭、徐雍舜均在樓下景珊寢室坐候宓至。」次日《吳宓日記》云：「……步回貴州銀行宿舍，同景珊家戚共銀行職員眷屬午飯。……宓回舍，與景珊夫婦及叔嫻久談。讀煦良八月十五、六日滬兩函，命力薦於武大。……嫻才氣縱橫，議論風生，以其列印之英文詩集一部贈宓。嫻夫徐伯健，子女四，（一）女徐大椿（二）子徐大用（三）女徐大榮（四）女徐大成。三、四兩女隨母在此。」（周叔昭婚後一直沒有孩子，她後來收養了叔嫻的四女徐大成，這是後話。）八月二十三日《吳宓日記》云：「晚飯已過，乃陪叔昭、叔嫻（嫻請乘人力車）至民權路、五四路一帶，遊觀寄賣行，詢悉物價。嫻請宓在民權路Sing Sing西餐社進簡單之晚餐。又飲可可等，久坐，乃同步歸。」次日《吳宓日記》云：「……乃至民權路留俄餐廳，景珊、叔昭夫婦於此（西餐）宴宓。客為叔嫻及唐寶鑫。畢，又至對街Sing Sing久坐，進冷熱飲。然後偕步遊觀而歸。」八月二十七日《吳宓日記》云：「夕五時與景珊、叔昭、叔嫻同入市，在民權路小呂宋選購藍灰色黑圈呢絨帽一頂。叔昭等購蜀錦。宓宴景珊、昭、嫻於麥利Rose Mary西餐館，嫻為調度（一萬四千元）。又遊覽市肆，緩步歸。景珊勸宓以鋪蓋捲送交武大辦事處代運，則可解決困難。又叔昭、叔嫻欲攜二孩附乘武大專輪赴漢，宓頗難之。」之後二十八、二十九、三十日日記都有記叔昭、叔嫻之事，就不引了。三十日吳宓搭機飛往武昌到武漢大學任職而與諸人作別。九月六日吳宓由袁昌英陪同見楊端六教務長（按：袁昌英的丈夫）決聘周叔嫻為講師。十月五日《吳宓日記》云：「晚，與嫻談。嫻述辦事經驗、家庭生活，及煦良婚後苦況。按嫻深通世故，歷練人情，然惟注重事業、貨利、享樂，未可進於理想之域也。」

周叔昭的回憶文章說「由川去南京」，在吳宓一九四七年三月二十日有記：「入室，始得見昨夕六點傳達送來景珊、叔昭夫婦自華英旅社寫來名片，則於昨日下午由渝飛抵武昌，約宓往晤。今晨又飛往南京（中華路十六號貴州銀行，經理）去矣！甚為歉恨！……宓至胡林翼路華英旅社及中正路中航公司詢悉，景珊等已於今晨七時上飛機去，此時已安抵南京矣！」同年四月二十六日《吳宓日記》云：「飯後嫻詳述此次與其夫徐璋（伯健）之交涉經過及成績。璋已由知友作證，書寫英文字據，表示悔罪感恩，准於一年內付嫻港幣五十萬即美金一萬元整。且於今年暑假時，迎嫻及二孩至港居住。嫻對璋似已無愛情，只有事實上功績、權利之平均分配問題。嫻大約暑假後居港。明年夏赴美留學去矣。」同年七月十三日吳宓送叔嫻及大榮（八歲）搭機飛往香港。同年十月五日吳宓至南京貴州銀行見到叔昭和景珊太夫人。「而大成（仔仔）對宓極親熱，擁抱不休。大成今甚規矩，婉孌可愛。叔昭述嫻在港情形。知其夫璋又另結新歡，去美國。不擬踐約付款，嫻須居港監視索取。」由此可知在三月十九日景珊、叔昭從重慶飛武昌時與叔嫻見過面並將叔嫻的最小女兒大成已帶回南京，歸叔昭收養了。

周叔昭又說：「不久返滬」，這其間的細節，因為沒有進一步的詳細資料，我們無法詳述，但大致和她先生嚴景珊職務的變動有關。但可確知的是一九四八年周叔昭已經由南京回到上海了，吳宓一九四八年九月二十五日日記云：「下午煦（按：煦良）來（嚴景珊今在上海寧波路三十三恒恒銀號）。」十一月二十日《吳宓日記》云：「訪煦良，入城中華上課去。略坐，進茶。聞榴夫人言，景珊在滬尚無定職。嫻已來滬，住其二姐家。景珊欲其母攜大成回鄉居住，嫻不可，故大成今已歸嫻處云云。」叔昭在上海遇到業餘的書畫家徐建奇，並請他在《留言冊》題字，徐建奇就臨摹抄錄王羲之的「四帖」贈之，並說周叔昭將有「台灣之行」云：

此粗平安。脩載來十餘日。諸人近集。存想明日當復悉來。無由同。增慨。

羲之白。不審、尊體比復何如。遲復奉告。羲之中冷無賴。尋復白。羲之白。

奉橘三百枚。霜未降。未可多得。

羲之頓首：快雪時晴佳。想安善。未果為結，力不次。王羲之頓首。山陰張侯。

叔昭賢妹　賢而有文於獻，歲之初有台灣之行，承索拙題，愧無以應，爰

此粗平安脩載來十
餘日諸人近集存想
明日當復悉來無
由同增慨
羲之白不審尊體比
復何如遲復奉告羲
之中冷無賴尋復白
羲之白

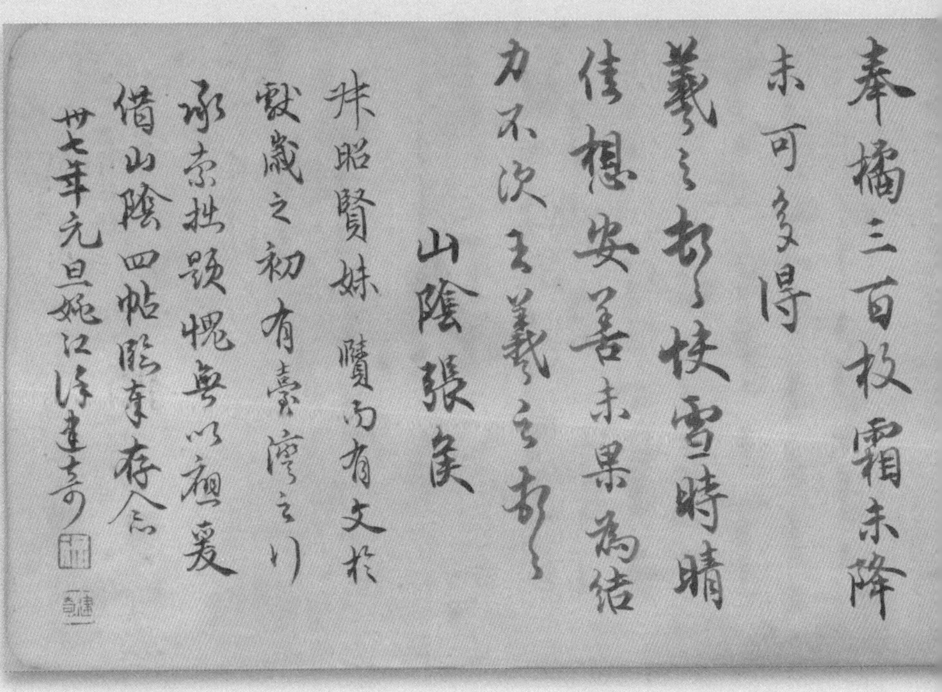
奉橘三百枚霜未降
未可多得
羲之頓首快雪時晴
佳想安善未果為結
力不次王羲之頓首
山陰張侯
昧昭賢妹 贖而有文於
戊歲之初有臺灣之行
承索拙題愧無以應爰
借山陰四帖臨摹存念
卅七年元旦姚江徐建奇

徐建奇題詞

借山陰四帖臨摹存念

卅七年元旦姚江徐建奇（鈐印：大雅．徐建奇）

王羲之的「四帖」是指「平安帖」、「何如帖」、「奉橘帖」、「快雪時晴帖」，都是給友人的短札，「平安帖」是王羲之寫給某位親戚的短信，裡面有「平安」兩字，故名之。意思是說這裡大致平安，請勿掛懷。脩載（「脩載」是王羲之堂兄弟）來訪十幾天，諸親戚相聚一起，推想明天過後此景不再，難免感慨。「何如帖」是友人生病，王羲之的問候短信。「羲之中冷無賴」指王羲之打聽不到友人的真實病況，心裡著急，不知如何是好？「奉橘帖」是王羲之送給友人三百顆橘子，附上的短信（便條紙）。這些橘子採收於霜降之前，不可多得，王羲之告知友人好好享用。「快雪時晴帖」是王羲之寫給朋友山陰張侯的短信，裡面有「快雪時晴」四字，故名之。意思是羲之拜言：這場雪下得好，停得也好，想來一切安好。那一件事情沒結果，遺憾之至。王羲之敬上（致山陰張侯）。王羲之的這類尺牘，是書家臨事制宜，從意適便，別具風流。徐建奇臨摹以為贈別，更是具有雙重意義。

徐建奇，號融圃，浙江餘姚人。據王中秀《王一亭年譜長編》說：「早年在上海時，拜在蔣梅笙門下學詩，與徐悲鴻、白蕉、周鍊霞等均為同門師兄妹。並非職業書畫家，詩詞也不出名。曾是上海雜糧交易所經紀人。」徐建奇的資料極少，只查得徐建奇一九四四年（甲申）與南北畫家齊白石、黃賓虹、吳湖帆、溥心畬等一百八十六人為江夏趙母項太夫人六十生辰作《貞松永茂》冊頁（每人一開）。還有一九四〇年他為周鍊霞所書扇面。

一九四九年元旦凌晨一時女詩人芎印在周叔昭的《留言冊》題了〈蝶戀花〉、〈念奴嬌〉兩闋長短句（詞），還有〈黃河之歌〉新詩的第四小節，最後還有留言，可以看出周叔昭在一九四九年元旦前夕是在上海芎印家，那天晚上她們有過一次長談，談論文學的任務，和創作的實踐，直到第二天元旦凌晨，芎印在《留言冊》寫下這些，是臨別的贈言，也是兩人共勉的話語。

〈蝶戀花〉

短夢空悲斜日路，恨此連環，續續年光去。好景良宵人寂處，睡衣如雪臨風佇。斂盡疏狂情更苦，星檻雲庭，暗裡然無數，縱使心魂飛若鶩，總須鎖定紅樓住。

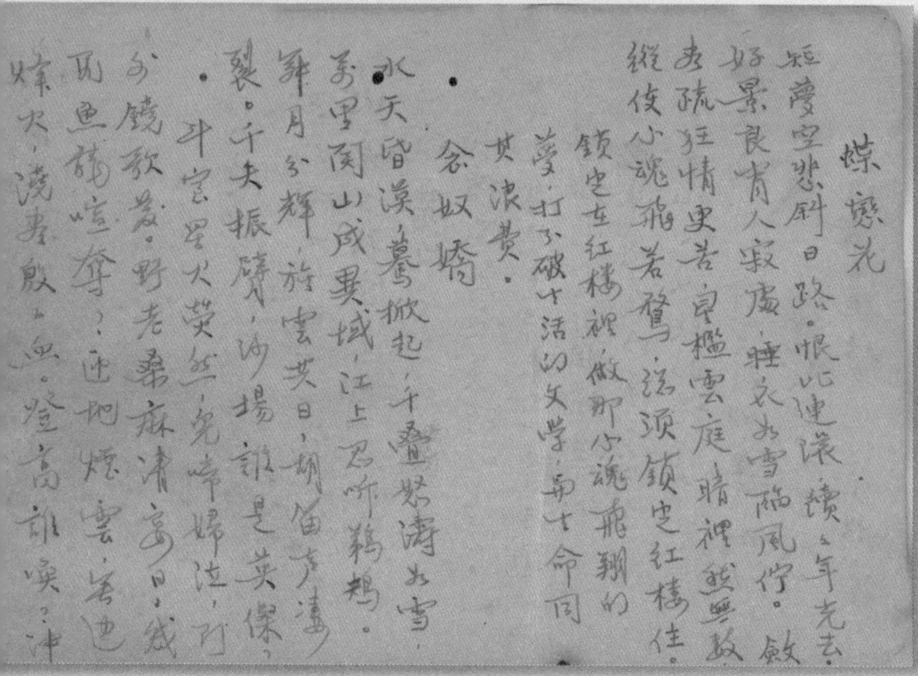

蝶戀花

短夢空悲斜日路。恨心連讓,續續年光去。
好景良宵人寂處,輕衣如雪隨風佇。斂
去疏狂情史若,皇檻雲庭暗裡憑無故
縱使心魂飛若鷺,終須鎖定紅樓住。
鎖定在紅樓裡,做那心魂飛翔的
夢,打不破七活的文学,弟七命同
其浪費。

念奴嬌

水天昏漠,驀掀起,千疊怒濤如雪,
萬里關山成異域,江上忍聽鵜鴂。
舞月分輝,旂雲失日,胡笛吹淒
裂。千夫振臂,沙場誰是英傑,
斗室星火熒然,兒啼婦泣,門
分鏡歌發。野老桑麻清夜日,歲
月魚龍嘘奪?,匝地煙雲,若迪
烽火,澆盡殷殷血。登高誰嘆,沖

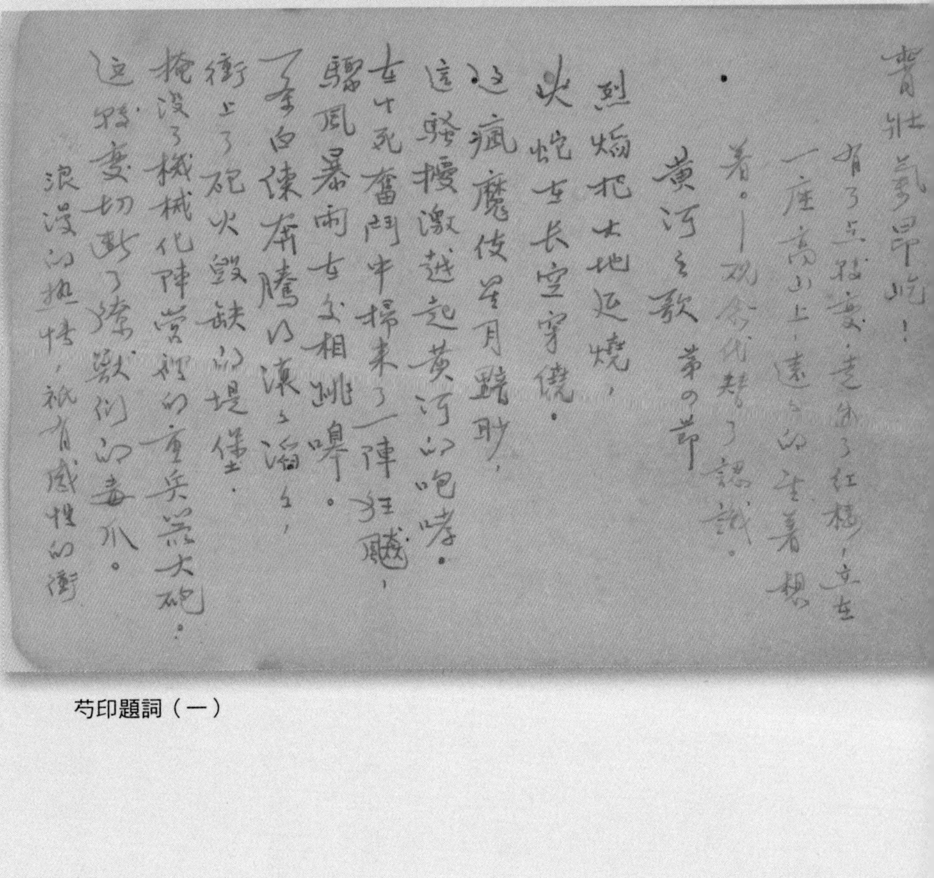
青壯氣昂吔！
有了支柱支，走出了紅樓，立在
一座高山上，遠遠的望著想
着。—觀念代替了認識。

黃河之歌 第四節

烈焰把大地延燒，
火蛇在長空穿繞。
這瘋魔使星月躲避，
這騷擾激起黃河的咆哮。
在生死奮鬥中掃來了一陣狂飆，
驟風暴雨在互相跳嘯。
千年白條奔騰得滾滾滔滔，
衝上了砲火毀缺的堤堡。
掩沒了機械化陣營裡的重兵器大砲；
這將要切斷了獸們的毒爪。
浪漫的熱情，祇有感性的衝

芍印題詞（一）

鎖定在紅樓裡，做那心魂飛翔的夢，打不破生活的文學，與生命同其浪費。

〈念奴嬌〉

水天昏漠，驀掀起，千疊怒濤如雪，萬里關山成異域，江上忍聽鵜鴃。舞月分輝，旌雲共日，胡笛聲淒裂。千夫振臂，沙場誰是英傑！斗室星火熒然，兒啼婦泣，門外鐃歌發。野老桑麻清安日。幾□魚龍喧奪？匝地煙雲，無邊烽火，澆盡殷殷血。登高誰喚？沖霄壯氣昂屹！

有了點轉變，走出了紅樓，立在一座高山上，遠遠的望著想著。——觀念代替了認識。

〈黃河之歌〉第四節

烈焰把大地延燒，

火蛇在長空穿繞，

這瘋魔使星月黯眇，這騷擾激越起黃河的咆哮。

在生死奮鬥中掃來了一陣狂飆，
驟風暴雨在交相跳嗥。
一條白練奔騰的滾滾滔滔，
衝上了砲火毀缺的堤堡。
掩沒了機械化陣營裡的重兵器大砲，
這轉變切斷了獠獸似的毒爪。

浪漫的熱情，衹有感性的衝動，沒有理性的把握。見計了全體，而生活遠離。還不能緊握住另一種武器，站定在自己的崗位上。

把一切舊的遺留，讓黃河水來沖洗淨；把一點新的創建，從生活裡實踐起！

文學任務：

生根於現實生活並反映現實生活的。配合著時代，循著歷史的軌跡前進。階級性的，如進步階級服務的鬥爭武器。（係使文學不成為一種武器，不負起如大眾爭生活的任務，就該丟進垃圾堆裡。）

動，沒有理性的把握。忘記了全體，而生活遠離。還不能緊抓住另一種武器，站定在自己的崗位上。

把一切舊的遺留，讓黃河水來沖洗淨；把一點新的創建，從生活裡實踐起！

文學任務：

生根於現實生活並反映現實生活的。配合着時代，循着歷史的軌跡前進。

階級性的，為進步階級服務的鬥爭武器。（假使文學不成為一種武器，不要想為文豪享生活的~~責~~任務，就該丟進垃圾堆裡。）

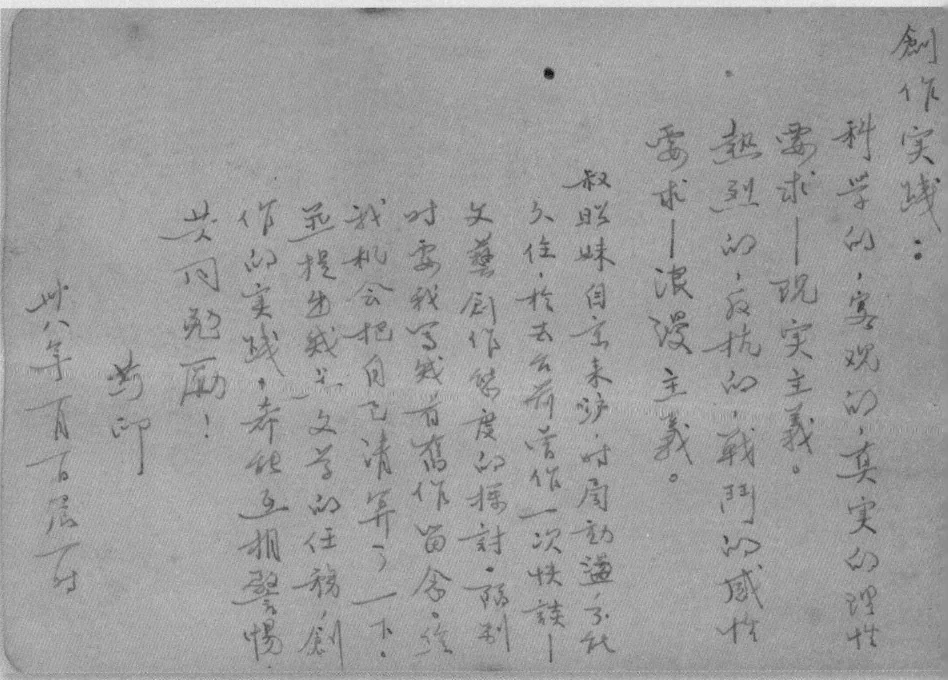
創作实践：
科学的，客观的，真实的理性要求——現实主義。
熱烈的，反抗的，戰鬥的感性要求——浪漫主義。
叔照妹自京来沪，时周劭邀了我久住，往杭去公前嘗作一次快談——文藝創作態度的探討。臨別时要我写几首旧作留念，给我机会把自己清算了一下。並提出几点文学的任务，創作的实践，希望互相警惕。共同勉勵！
芍印
卅八年一月一日晨时

芍印題詞（二）

創作實踐：

科學的，客觀的，真實的理性需求——現實主義。

熱烈的，反抗的，戰鬥的感性需求——浪漫主義。

叔昭妹自京來滬，時局動盪，不能久住，於去台前曾作一次快談——文藝創作態度的探討。隔別時要我寫幾首舊作留念。給我機會把自己清算了一下，並提出幾點文學的任務，創作的實踐，希望互相警惕共同勉勵！

芍印　卅八年一月一日晨一時

芍印的資料極少，查到的資料是「二十世紀三十年代中國詩壇上曾出現過一位曇花一現的都市女詩人芍印，她和她留下的《逝水集》也許早被人們忘卻，但在新詩的天空裡，即使是最黯淡的星光也不會輕易消失，因為所有的詩魂都是高潔的，只要燃燒過，就理應獲得尊重」。她的著作有《逝水集》，一九三四年十月上海新民書局出版，薄薄的一本，台灣國家圖書館有收藏，分為長短句（詞）計三十八闋和白話詩十首。

第七章

海隅回首：萬里關山萬里情

周叔昭來台後的資料非常地有限，根據她在一九六八年所填寫的「中山學術文化基金會董事會獎勵申請書」，其中的經歷是「重慶鄉村建設學院副教授，國際開發總署中國分署編輯，行政院新聞局編譯，曾為教育部暨美國新聞處譯書。」「重慶鄉村建設學院副教授」是她離開貴州後的新工作，也是文章中說的「勝利後離黔去川」。至於「國際開發總署中國分署編輯」是來到台灣時早期的工作，在一九五一年美國開始對台灣援助，也就是所稱的「美援」，一直到一九六五年才結束，在整整十五年中，美援防衛援助及開發貸款共計八億五千一百多萬美元。因任務重點不同，美國政府負責執行美援的單位名稱也不斷更動，一九五二年的經濟合作總署（ECA）、一九五二年至一九五三年八月的共同安全總署（MSA）、一九五三年八月至一九五五年七月的國外業務總署（FOA）、一九五五年七月至一九六一年十一月的國際合作總署（ICA）以及一九六一年十一月之後的國際開發總署（AID）均在台設分署執行業務。因此周叔昭提到她在「國際開發總署中國分署」任編輯，時間當在一九六一年十一月之後了。

而在這之前，周叔昭從事翻譯工作，她翻譯了（美）毛德・彼得山姆（Maud Petersham）和米斯卡・彼得山姆（Miska Petersham）同撰的《美國歷任總統傳》，於一九五五年由台灣明華出版社出版，原著是一九五三年在美國紐約出版，因此算得是很即時的一本翻譯著作。該書介紹美國建國後的三十四位歷任總統。（案：中文譯名為周叔昭所譯，與今譯略有不同。）該書後來在一九六一年十二月在香港今日世界出版社又重新出版過，一九六七年則又再版。最新版增加兩位歷任總統，分別是第三十五屆和第三十六屆。初版的原著只到第三十四屆，這兩屆的資料不知是後來原著有再版而新增，或是譯者周叔昭自己撰寫，不得而知。（一九七一年又出第三版，應該是加到第三十七屆了，可惜我沒見到該版，不敢確定。）二版封面折口有〈本書介紹〉：「自一七八九年，華盛頓在紐約城聯邦大廈前就任美國總統以來，到今天，美國人民已經選舉過三十六位總統，每人都在歷史上留下多少事蹟與貢獻。這本敘述美國歷任總統的書，對華

《美國歷任總統傳》

盛頓到詹森的每個人的生平都有親切而簡潔的敘述，通過這本書可以看見美國的歷史，與美國所經歷的繁榮與苦難、戰爭與和平、奮鬥與成就。可作偉人傳記讀，也可供你隨時參考用。」今日世界出版社重新排版，版型設計相當賞心悅目，每位總統都有單獨一頁畫像，封面及內頁的畫像都出自李維陵之手。李維陵（一九二〇—二〇〇九），原名李國梁，以字行，原籍廣東增城，生於澳門。著名畫家、香港早期現代詩人、小說家。他自幼習畫，大半生從事繪畫和美術教育，一九三五年前往香港讀書；一九四一至一九四五年在重慶入讀政治大學，畢業後任職於財政部關務署；一九四八年回到香港從事寫作及美術教育工作，一九五九至一九七七年任教於葛量洪教育學院；一九八〇年退休，一九八二年移居加拿大直至去世。今日世界出版社（亦稱今日世界社）於一九五〇年代成立，至一九八〇年代中葉結束，為美國新聞處轄下機構，以宣傳美國文化為宗旨。今日世界出版社為對外的名稱，在美新處內部則稱為書刊編輯部，業務包括期刊《今日世界》及「今日世界叢書」的出版與發行，《今日世界》，初為雙週刊，一九七三年五月改為月刊，內容方面，以世界時局新知為主，亦包括文學作品及娛樂消息。張愛玲的《秧歌》（中譯）與《赤地之戀》，就曾於《今日世界》連載。歷屆主持人有林以亮（宋淇）、李如桐、戴天、余也魯、胡菊人、董橋、岑逸飛等，其中以李如桐任期最長。周叔昭簡歷中稱「曾為美國新聞處譯書」，乃是指《美國歷任總統傳》在香港美國新聞處轄下的今日世界社出版。

而在一九五六年周叔昭翻譯（美）克拉克（Graves Gleuwood Clark）撰的《愛迪生傳》由華國出版社出版。一九六〇年周叔昭和她的丈夫嚴景珊合譯吉爾伯·哈艾特（Gilbert Highet, 1906-1973）所著的《教學之藝術》（*The art of teaching*）該書被列為「協志工業叢書」屬於長銷書，至一九九一年已經十四刷了。作者生於蘇格蘭的格拉斯哥（Glasgow），先後畢業於格拉斯哥大學（Glasgow University）、牛津大學貝力奧爾學院（Balliol College, Oxford）。一九三八年任美國哥倫比亞大學（Columbia University）希臘語文及拉丁語文教授。一九五一年入籍美國，一九五　至一九五六年間獲格拉斯哥大學、凱斯工藝學研究所（Case Institute of Technology）暨牛津大學文學博士（Doctor of Letters, L.H.D.）學位，精通拉丁及希臘語文，文學造詣頗深，著有許多雋永而有價值的著作。該書是他的第二本著作。周叔昭在譯序推崇說：「本書是一部介紹、分析實際教學的精心著作，作者不從事抽象的原理探討，而是以例證為主，直陳利弊，從實踐的基礎上建議教學的方法。他處理本書的手法，十分新穎，值得吾人向讀者鄭重推薦。」她接著說：「作者從學校教學和職業教師，討論到歷史上的偉大教師和日常生活中的教學，列舉優良教師的品德、能力，闡明教學方法的要義、真諦，以實例為分析的基本，引述歷史掌故，描敘生活經歷，其間涉及音樂、文學、繪畫、政治、經濟、宗教、心理學、社會學；又運用方言俚語，點綴雋永的機智，穿插諷刺、暗示、挑逗；偶然還來一段不傷大雅的詼諧，希圖博得讀者的一個會心的微笑。蓋作者強調教學為藝術，其著述本書亦採用藝術家的手法，而一切匠心的安排，其目的是誘發、啟迪，要讀者將那一份『沉重而足以鼓舞』他們的工作，當作藝術去愛好、建立。」又說：「怎樣去了解青年人？怎樣充實自己？一面教學，一面學習？怎樣準備教材，計畫課程？用什麼技術講演？用什麼方法引起青年學子的興趣，誘使他們樂於學習？關於這些以

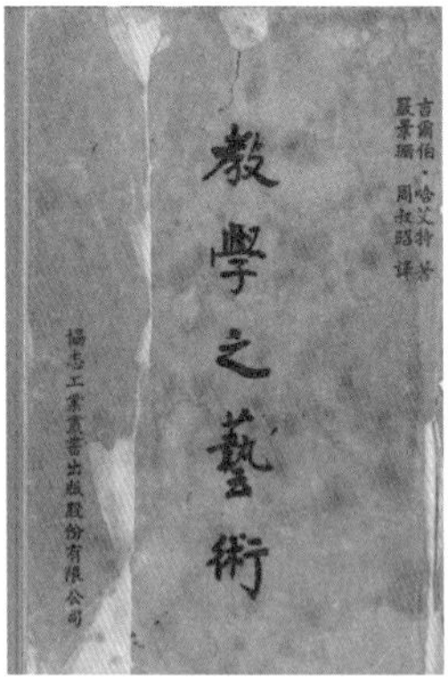

《教學之藝術》

《愛迪生傳》

及其他問題，作者俱有透徹的見地和中肯切實的建議。」

周叔昭

一九六一年周叔昭和李杏邨合譯金勃爾（Kimble, Gregory A.）撰的《普通心理學原理》（*Principles Cf general psychology*）該書分三冊，由中華文化事業出版社出版，是屬於國民教育基本叢書的第七輯。這也是周叔昭所說的「曾為教育部譯書」。

一九六八年周叔昭以筆名「舒吉」將先前創作的童話作品結集為《夏夜的故事》。全書分為兩集，第一集包括四篇童話和一篇寓言，總名為〈南麗姑娘和其他故事〉。第二集為中篇童話〈魔術師的音樂匣子〉。〈南麗姑娘〉塑造了活潑、善良、孝順的小姑娘南麗，在父親生病去世後，不得不輟學，被母親送到五十里外的莊子去做工，掙錢贍養多病的媽媽。周叔昭希望小朋友能「把孝和愛奉為重要的生活準則」。〈魔術師的音樂匣子〉故事生動曲折，以悲劇結局，讓小讀者在認識到人生不完美的同時，也能生出豐富的想像。在周叔昭所填寫的「中山學術文化基金會董事會獎勵申請書」中，她說：「童話創作《夏夜的故事》原稿一本，呈請審閱。為應目前文藝需要，擬自費出版童話創作一部，印刷、插圖、封面等費用，約需新台幣一萬九千元，請求補助一萬元。」經過評審委員張秀亞評語：「全集之中，各篇皆以描寫孩童、小動物及想像中之美人、英雄為主，作者想像力及聯想力極為豐富，詞藻亦頗華贍，寫景敘事，柔婉有致，但造句遣詞偶或失之生硬，用字亦有筆誤之處（如能出版，似應由作者在字句方面再稍加修改），但大體而論，不失為一部適全少年、孩童閱讀之優美讀物，文章性質，已非散文體裁。故應歸入童話一類。」終於通過出版了，書前有當時任台灣大學教授的毛子水寫的序，稱讚周叔昭「有很好的文學修養，又有很純正的志趣」。他在審讀這部書稿時，曾回想起四十年前初讀《阿麗思漫遊奇境記》時的情景，「我當時讀那本書，並不是用讀童話的心情去讀的，但讀後卻覺到想像在童話裡的用處。周女士在她這本書裡，運用想像，極為得體，對幼年和老年的讀者，一樣可以引起濃厚的興趣。」他說：「用童話以宣傳忠、孝、信、義的美行，乃是周女士寫作的目的。我想，在這個高貴的目的上，周女士已得到相當的成功了！」

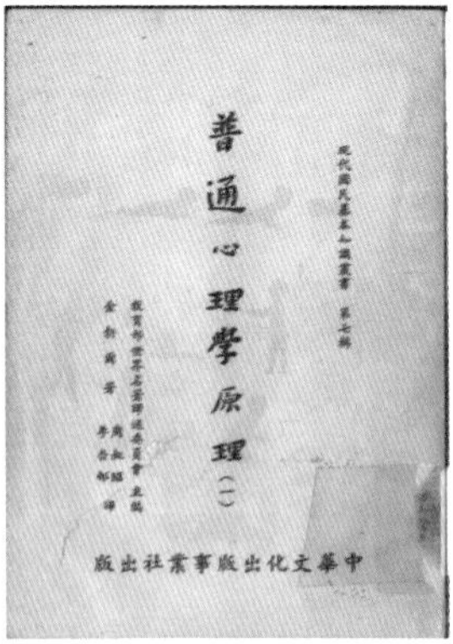

《普通心理學原理》

一九七一年周叔昭以筆名「舒吉」翻譯斯坦貝克（John Steinbeck）的名著《斯坦貝克携犬旅行》（*Steinbeck Travels With Charley*）由三民書局出版，一九七五年又再版。周叔昭在書前有一篇很長的代序，她說在抗戰期間，她在大後方的貴州就初次讀到斯坦貝克的《憤怒的葡萄》（*The Grapes of Wrath*）和《人鼠之間》（*Of Mice and Men*）的中譯本後，她就非常崇敬這位美國作家。《斯坦貝克携犬旅行》則是斯氏逝世（按：一九六八年逝世）前的兩部作品的一部，一九六一年寫成，一九六二年七月出版。當時佳評潮湧，不到半年便出了十一版，成為極受歡迎的暢銷書之一。周叔昭認為「斯氏的作品幾乎沒有一部不值得深研細讀，兼又趣味濃厚，哲學思考又富於詩情畫意的形象，甚至用童言兒語來表達，不落俗套，不艱澀、不累贅，讀來絕不感到枯燥。因之，他的膾炙人口的若干作品（包括這部遊記在內），有暢銷一、二十年，而仍為人所稱道者。在美國，文學作品能如此『長壽』，是罕有的。」因此對此書之翻譯周叔昭是謹慎從事的，她說：「我曾對

《斯坦貝克携犬旅行》

自己說，我必須盡最大努力忠實於原著，不僅要譯出語句、意思，還要保存原著的風格。……我在讀第三遍時才著手翻譯，脫稿後又校正了兩次，也就是說，這個不到十萬字的中文譯本是在我五度細讀原著後才定稿的。……牽涉到美國的歷史、風俗、習慣和思想方法。翻譯時，我曾將一些疑問記錄下來，並註明頁數。承蒙新聞局顧問威廉・葛倫博士（William Glenn）給予我指示，還為我解釋了西班牙文的部分，謹誌數語，向他致謝。」而翻譯的過程還有可記的，周叔昭說：「此書在前年九月間譯完，我曾希望它能在十二月間斯氏逝世一周年時刊出，未能如願，深感遺憾。然而毛子水和姚從吾兩位教授俱曾予我以鼓勵、支持。記得我在二度閱讀後，決定節譯的方法，向子水先生略略報告書的內容時，他曾面露微笑地說：『單聽你的幾句話，我已經覺得有趣極啦。』而當我和姚夫人陳絢學長在他們飯廳裡談論到這本書的時候，從吾先生正在他書房裡，聽到我們的談話，立刻叫著我的名字說：『叔昭，從頭至尾，全部譯，全部譯。』這個溫暖的聲音，和從吾先生平日待人的熱忱，以及他那以人飢為己飢，凡是只要能插一手，都放在自己肩上的仁者之風，俱是人們永難忘卻的。寫到這裡，我已淚承於睫，因為這位我敬如師長的偉大學人，和斯坦貝克先生一樣，也以心臟衰竭，在去年四月十五日過世了。人世一切無常，如浮萍掠影，朝露凝輝。除了悲歎，尚有何語。」

周叔昭所稱的「陳絅學長」，字宜珍，福建閩侯人，是陳懋鼎（字徵宇，做過清朝駐英大使參贊，係第一位將大仲馬名著《基度山恩仇記》譯成中文的外交官、詩人、學者。）的大女兒，曾就讀燕京大學哲學系，是當時活躍於北平高校之間的名媛，後為姚從吾夫人。姚從吾（一八九四—一九七〇），河南項城人，先是在河南上的中小學，後考進北京中華大學預科，一年後正式考上北京大學歷史系，與傅斯年、羅家倫、毛子水是同學，「一時俊彥群集，互相砥礪，頗收切磋琢磨之益」。一九二〇年秋，他又以優異成績，進入北京大學文科研究所國學門深造，拜胡適為師；兩年後，與毛子水同被北大派至德國柏林大學留學，這一去就是十二年。一九三四年，姚從吾一回國，就受聘為北京大學歷史系教授，姚從吾與陳絅是於一九三六年八月，經由吳宓介紹認識的，四個月後，十二月十二日他們在歐美同學會舉行了隆重婚禮，證婚人是胡適，介紹人是吳宓和顧頡剛，主婚人是後來被譽為經濟學界「一代宗師」的陳岱孫。一九四九年來台，受聘為國立台灣大學歷史系教授，一九五八年，被選為第二屆中央研究院院士。一九七〇年四月十五日，心臟病驟發病世。

一九七九年周叔昭以筆名「舒吉」出版《月兒彎彎》（正中出版社），

不同於前面的大量翻譯書籍，此書是創作的小說，是中篇小說。周叔昭說這本書「在將近十年的時光，斷斷續續，擱擱寫寫的過程中，這部中篇經過了不下二、三十次的大修小改，才勉強定稿。」正應了「十年辛苦不尋常」的話語。書的內容如何呢？周叔昭說：「這是一部樸質無華的家庭倫理小說，透過兩個小兒女，描寫人間的悲歡離合。寫的雖是孩子，卻不是為孩子們寫的。（不妨說：是為愛孩子的人們寫的。）因為除了兩個十一、二歲的孩子之外，還有幾根重要的支柱：貝芝（美國女孩）的父親——卡爾‧林載，一個不像美國人的美國人；小貝（中國女孩）的外公——藍老爹（代表堅強、沉默、憤怒的中國）；愛孩子的彼得叔叔和司機倪五；以及為美國家庭工作，但不崇洋的女僕阿珍。這幾個人對揭示主題，發生相當的作用。故事的背景是台灣，也就是熱愛中國文化的卡爾‧林載所謂的『蕞爾小島上的古老大國』。假使美國多幾個像卡爾‧林載的開明人士，中國近三十年的歷史可能要改寫了。有心的讀者當會意味到這一點，並從而聯想到此書於此時此地出版的意義。」

《月兒彎彎》

周叔昭在談到在寫作此書時和抗戰期間在貴州建立深厚友誼的艾山（林蒲）、陳三蘇夫婦的友誼，其實她一直和艾山有在聯繫，在這之前艾山曾介紹周叔昭在香港王道（貫之）所創辦的《人生》雜誌發表過〈缺齒的梳子〉的小說，而後來艾山在《人生》雜誌發表連載〈美國大煙山紀行〉遊記，要出版單行本，周叔昭被要求寫序，發表於一九六五年出版的《人生》雜誌第三十卷第四期，其中說：「作為老朋友的我，何嘗在讀什麼文章，而是聽艾山在那裡娓娓清談。……作者將我們引入大煙山，看歌劇、逛公園，參觀了橡樹嶺、TVA，他的筆卻不受此拘泥；上下古今，縱橫千萬里，無不觸及，不只談，而談必精，必動人。敘事、論事每一句俱有哲理，見聞廣博，幻想豐富，透過一種獨特的手法，在在俱揭示宇宙人生之深與廣，新奇與奧妙。談哲學不空洞，引論經史百家不迂腐，無一處不是學問，而又不是賣弄學問。詩詞、文學，中西文化、歷史、傳聞，風土人情，敘述得如『故事、童話』一般，引人入勝。」

周叔昭寫《月兒彎彎》時，她說：「由於作者沒有去過美國，缺乏有關美國的一手資料（作者對美國的風土、人情、習慣，以及國民性的認識，多半是從書報、雜誌、電視、電影和極少個人交往得來的），因此，每完成一部分，便將它寄給寓居美國三十餘年，學貫中西的艾山（林振述）博士，請他批評、指正。（林氏伉儷是我的多年摯友。）在魚雁往返中，我們交換意見、討論情節，研究寫作的方法。艾山不但使我得到我所需要的資料，以及正確、有益的啟迪，還給了我有助於加深我信心的鼓勵。最可貴的，是他針對最後兩章的深入考察……他的有保留的建議，我多半採納了。遇到意見有出入時，經過一番思索，艾山也會修改他的看法。」

而艾山在收到周叔昭寄給他的書後，他在一九七九年九月五日和六日的《聯合報》副刊發表長篇的書評〈一斛珍珠〉高度讚美此書。他說：「當《月兒彎彎》刊印本遞到我手邊，它喚起的，非但是微波盪漾的漣漪（Ripple），而是暈眩，一陣心悸的顫動（Quiver）。心悸過後，反身自問，發現本書給我的感受，是頗不容易翻成中文的一個英文片語：A shimmering vision。Shimmering是閃爍，如珍珠般曲折、互射的閃光；又如一面稜鏡，為變與不變、動靜起伏的焦點、分發點。Vision呢？便可作多樣的解釋了。是洞察、觀照或遠景透視的玄覽。」接著艾山就語言、文字問題評說：「《月兒彎彎》這本小說，縱橫敘事，處處做到得心應手的地步，絕非小白話，或地方官話所可範圍，它的語言可以說包含了這三個要素，如書中敘寫『小木瓜』，『像個皮球跳起來，拉開花布裙，走了個舞步，一臉玫瑰笑。』又：『一段推理求證共用去兩分鐘。貝芝的腳服從了邏輯』……都可予人以清新、雋永的感覺。其實語言、文字，就算用在推理、析別上，亦應旨在表情達意。分析、類別是外鑠，因之而導致表情達意，才是有骨、有肉，自然生機的匯合。但如非具有優良傳統，自內鎔鑄，由外面引進來新的語文的組合，而且彼此間互盡舵手（The helmsman）的任務，使出港的航船，禁得起大海的波濤，返航時，有了安穩的港腳，可供棲息，這便非『大白話』不足以承擔。」其次就人物而言，艾山也提出他的看法說：「舒吉的特殊手法，在中國當代小說創作中，也別樹了一種風格，……起初作者將貝芝與小貝，試著分開或是並排著寫。在貝芝和小貝同時露面時，小貝是貝芝徵詢意見的對象，在單獨描寫貝芝的場合，不管在行動上，或在她自己冥想中，小貝又是她理念形成的根源與行為的準則。所以小貝不露面比露面，更增加了小貝在書中的分量。」而最後總結地說：「舒吉的確匠心獨運，似乎什麼文體都運用上，而且無不貼貼服服運用到了家。舒吉又擅於運用對比法，使事物有突出的表現，如『聖誕節』與『陰曆年』。作為一個女作家，舒吉細膩的筆法，用在事物的明喻、隱喻上，天功化物，自有其路數，像鹽和雪，樹和人心果。在第一章出現的小貓，與最後一章台階旁的小茉莉花。又，中國娃娃的小鞋。它們的出現在本書中，豈會是偶然？而謎底呢？懸掛著，不令其有所屬，恐怕也正是舒吉的中心命意；每個盪漾的漣漪，是每個韻律內在之所必需。如何從象徵的森林中，理出了自己的途路，每個讀者都有權利根據自己的經驗，試作解釋。」

另外周叔昭還說道：「《月兒彎彎》還有一個英文本《We Love Beth》。中英文本的初稿都是在六、七年完成的，正值沈劍虹赴美履新的前夕。他是讀英文本的第一個人。在送別宴上，當作者向沈夫婦敬酒時，他含笑地說：『妳的《We Love Beth》寫得太好了。』前年，在百忙中，他還寫信問我，小說出版了沒有。由於這一種關懷，我的信心加深，乃有勇氣從事於進一步的修正，以迄於完成。」沈劍虹（一九〇八—二〇〇七）上海市人，燕京大學新聞系畢業，美國密蘇里大學新聞學院碩士。曾任上海英文《大陸報》記者。一九三六至一九三七年任南京中央社英文部編輯，一九三八至一九四三年任國民黨中央宣傳部國際宣傳處編撰科科長，一九四三至一九四八年任行政院新聞局第二處處長，一九四八年底任行政院參事。一九四九年初任香港英文《德臣西報》要聞編輯、麗的呼聲廣播公司中文節目部主任。沈劍虹夫人魏惟儀（一九一八—？）杭州人，出生於北平，畢業於上海聖瑪利亞女校，其父魏易是中國最早的翻譯家，其三兄魏景蒙是影星張艾嘉的外公。她一九三九年與沈劍虹結婚。

周叔昭還和詩人鍾鼎文合譯卜納德的九首新詩，其實是周叔昭翻譯，而後由鍾鼎文潤飾的，該詩題名為〈中國藝術（組詩）〉發表於一九七三年九月號的《幼獅文藝》上。柔諾．卜納德（Jen Plathy）是匈牙利裔美國詩人，他的詩集《秋舞》（*Autumn Dances*）在台灣有節譯本，是一九六六年由林綠、王潤華、淡瑩等三位詩人共同翻譯，由藍星詩社出版的。鍾鼎文說他在一九六九年訪問美國，卜納德已在哈佛大學古希臘語文中心擔任教授，他送給鍾鼎文一本原文的《秋舞》，他發現詩集第三部有九首詩，總題為〈中國藝術（Chinese Art）〉，是他觀賞中國藝術所獲得的印象，尚未譯成中文，鍾鼎文說：「一次偶然的機會，同舒吉女士談到這件事。她的英文程度很高，中譯英、英譯中，都很拿手。我商請她翻譯卜納德這九首詩。這九首詩，大約兩年前我們便譯好了。舒吉女士的翻譯是可以信賴的，但我對我所加的潤飾卻缺乏信心，乃將這九首詩的譯稿一直壓在我書桌的抽屜裡，不敢拿出來，卜納德知道這件事，曾多次來信問我這九首詩的中譯發表沒有。今年十一月間，他可能來台出席在台北舉行的第二屆詩人大會。我覺得在他再度來台之前，有介紹他的作品——特別是為中國藝術所寫的作品之必要。如果這九首詩的譯文有不對和欠妥的地方，不能怪舒吉女士的翻譯，應該怪我的潤飾。同時，我要為這九首譯詩遲遲未發表，向舒吉女士致歉。」九首詩包括：〈玉器〉、〈縴繡〉、〈墨錠〉、〈畫卷〉、〈書法〉、〈瓷器〉、〈銅器〉、〈象牙〉、〈木刻〉。

除此而外周叔昭還翻譯休斯頓・史密斯（Huston Smith, 1919-2016）的《人類的宗教》（*The World's Religions*）中的〈佛學篇〉。史密斯是美國宗教學研究的頂尖學者，被廣泛譽為世界宗教學研究最具影響力的人物之一。史密斯共編纂了至少十三部有關宗教與哲學的書籍，其中他的《人類的宗教》一書銷售量超過三百萬冊（截至二〇一七年）並被奉為比較宗教學的經典教科書。周叔昭在〈譯後話〉說：「我和佛學結緣是在十五年前（按：一九五四年），與我的摯友周胡安素女士重逢於寶島時的事，從她那裡，我得以認識周宣德居士。因為住處相近，便時相過從，有時也隨他們同去聽聽經。……不久，周居士因提倡青年學佛，與詹勵吾先生創辦《慧炬》月刊，偶然囑我撰寫或譯些短稿，寫作時又不免時時向他請益。……去夏張澄基教授由美寄來《人類的宗教》，轉託周居士物色其中〈佛學篇〉的譯者。周居士和安素夫人特來找我。翻閱了幾頁後，我竟硬著頭皮答應下來，算是報答他倆的雅意，並補償這些年來，未能為《慧炬》月刊稍盡棉薄的歉疚，那裡（如他倆的美言）說得上是『功德』呢？」

周宣德居士（一八九九—一九八九），字子慎，江西南昌人。一九二二年畢業於北京工業大學化工系後，任教於燕京大學，擔任製革系講師，次年八月，燕大聘期屆滿，他受聘為廣東汕頭苂華書院副教授。一九三三年，受聘為江西工業專科學校教授。一九四六年來台，擔任台中縣后里鄉月眉糖廠廠長，及糖業公司正工程師等職。周氏在中年即已信仰佛教，嘗親近太虛、智光諸大德。一九五二年，發起「空中弘法」活動，於台北、台南、高雄等地，利用電台向聽眾弘法。自一九五九年起，先後與佛教界緇素合組國際文教獎學基金會、詹煜齋居士佛學基金會等組織，以輔導、獎助大專青年學佛。一九六一年又與詹勵吾創辦《慧炬》月刊，以鼓勵大專青年研究佛學。並積極輔導各大專院校成立佛學研究之社團。胡安素居十（一八九七—一九八八）是周宣德居士的夫人。原籍江西，出身潯陽世族，嫻禮明詩，畢業於天津南開大學，歷任國立第四中山中學校長、湖北省立漢陽中學教務主任、國立中央大學祕書等職。來台後，任職美國國際開發總署台灣分署，並執教省立台中女中、二中及

左起周叔昭和胡安素

板橋中學等校。周叔昭在〈悼念安素姊〉文中說：「我們的友情始於南開大學。她在大二時，我是一年級的新生，一見面就投緣，在閒話家常時，才知道她和安徽周家也有一點親戚關係，是我遠房五嬸的表姊，長我和我五妹叔嫻一輩，於是我們姊妹倆便戲稱她：『老長輩』。……安素在南開畢業後，接受了女青年會的聘書，先後擔任杭州和煙台女青年會的總幹事。我每年暑假返滬度假，偶然也和她見見面。……記得當年，為了幫助我改善我的生活，並使我那一點『三腳貓』的英文能學以致用，她曾想盡方法讓我在她任職多年的那個美援機關得到一份工作。可惜後來，她竟先我被遣散，使我無限遺憾！」

周叔昭說翻譯《人類的宗教》的〈佛學篇〉實在不太輕鬆，歷時五十餘日方始脫稿。她說：「但我久仰主編者張澄基教授的佛學造詣，相信以他之長，必能補我之短，以他之智慧，必能補我之鈍拙，而經他校正後的定稿，與原著之間的距離也必然會縮短的。十二月間，由美國寄回的修正稿，證明我的看法不錯。張教授的精校、詳註，沈家楨博士的嚴謹訂正，不僅修補了譯文的缺陷，還彌縫了原著的若干漏洞。在校閱時，他們非常認真地交換意見，連一辭一字都不肯忽略。這一種負責的研究精神，我認為實在是國內從事譯述工作者所應效法的。」

周叔昭來台不久父親就過世了，在當時兩岸消息不能互通的情況，而且是戒嚴時期，有親戚在台灣，在大陸的偌大周家，大家談都不敢談。真是應了「有弟皆分散，無家問死生」的境地。親情遠隔萬里關山，憑誰問？這大概是周叔昭內心最大的隱痛。一九七八年十月二十二日周叔昭皈依三寶成為佛教徒，一九八八年一月二十三日晨九時（台北時間），她的摯友胡安素老居士在美國洛杉磯去世，兩天後她得知消息，她提筆寫下悼文說：「作為一個佛教徒，本來應當把生死看得很淡，但是當一個至交好友離你而去，當你想到你和他已音容永隔，你能不悲痛嗎？安素是在八年前隨同周宣德老居士移民美國，在洛城定居落戶的。在這八年中，我一直希望她能回來小住，思念甚

周宣德和胡安素伉儷

殷時，甚至於會在夢中見到她；夢很奇特：她沒有到美國去，仍住在台北一個很偏僻的地方。我找不到這個地方，也無法和她通電話……因此，只有她來看我，沒有我去看她。於是（在夢的幻境中）她便慢慢地變成『可望而不可及』。同樣的夢，我做了一次、兩次，許多次。安素會再來到我的夢裡嗎？她會的。這一次，無論她住的地方多麼偏僻，我都會找到她，接她到我家裡來吃飯。八年！生離了整整八年！為什麼現在又是死別？在我的記憶中，她那聲發音不準的『叔昭』，卻是長姊對幼妹最慈祥、親切的呼喚。我已有八年沒有聽見這聲慈祥、親切的呼喚，以後也不會再聽見了。」

這僅是一位遠房的長姊兼摯友而已，而整個周家的親情，又何止於這百千倍？因此即使到周叔昭晚年，兩岸已稍通，她還是懷念在上海過年的情景，她一九八八年二月中旬，寫下〈春節憶舊〉，無不充滿濃得化不開的親情。我抄錄二、三段就可見其一斑：

陰曆年（當時還沒有春節這個名稱）是節日中的節日，一進入臘月，大人、小孩都會說：「快過年了，快過年了。」「年」的腳印漸漸顯露，就好像一件五彩繽紛的錦衣，展開了光輝，又像年初一父親和繼母在他們臥室的地板上灑的那些閃閃發亮的金幣，意味著喜悅和吉祥。

……

祭祖是隆重的；辭歲拜年全是由祭祖開始。父親領先，跪下來三叩首，然後是大哥、二哥、三弟，再後來才輪到女眷們。

……

有幾個晚輩攜帶禮品來看我，表示一份親切和關懷。接著兩位近鄰也來了，送了兩碗她們自己做的素什錦——切碎的香菇、冬筍、豆芽菜等炒在一起，噴吐著麻油的香。這不是十香菜，卻是出色的代替品。

敦親睦鄰的人們走了，我把素什錦擺上供桌……。父親他老人家是在我來台後不久去世的……不知道散居各地的兄弟姊妹們，在不在年節擺供？也不知道有沒有人在他春節的供菜裡放一盤十香菜？

十香菜，或者十香菜的代替品，能表達我的追思之情嗎？

行文至此，這不就是她曾說過：「歲月不居，轉眼幾十年過去，回憶前塵往事，怎能不黯然神傷？」的情景呢！

另外從她叔叔周叔弢給她堂弟周一良的信中，也可以看出端倪。當時是不能直接和大陸通郵，但台灣可以和美國通信，從信中可見周叔昭和在美國做短期訪問的堂弟周一良有通信。而周一良去美國訪問之事，據他在《鑽石婚雜憶》中說：「一九八二年，美國盧司基金會與中國政府簽訂協定，邀請中國學者赴美短期訪問，而我是第一個被指名邀請的。這一年，我在美國待了半年多，主要在柏克利加州大學。盧司基金本來不算多，而中國政府又要剋扣一些，所以生活是比較窘迫的，但是我的兄弟杲良在加州大學附近的斯坦福大學任教，他們夫婦兩人熱情邀請我去他們家裡，每週帶我們去外邊參觀、遊玩、吃飯等等，所以日子還是過得比較好的。」而周一良的父親在那年八月六日給他寫的信（原件藏可居室王貴忱先生處）如下：

一良、鄧懿同覽：

你們兩信都收到。第二信及相片是我生日第二天收到，你們估計甚確。看見叔昭相片非常欣慰。一九四八年上海一別，轉瞬之間已三十餘年。叔昭丰采似未大改，生活想不致太差。景珊已作古，或非誤傳。你們此次在美國，得與家人在美國者晤談或通話，聞之非常高興。衛德明能見面，更是意外。我解放前只在北京見一面。鄧懿摔跤腿部受傷，殊為懸念，回家後不知已恢復正常否？此次腿部受傷，不知與國內受傷處相同否？你在普林斯頓講學照片，屋內懸「壯思堂」扁（匾）額，不知何人手筆？平時此屋作何用處？外國大學中有中國扁（匾）額，殊出意外。你們在美尚須住多少時候？杲良來信，他擬約你們到附近風景區一遊，不知去過否？在照片中見志輔大叔如此清瘦，頗以為念。楊小樓劇目信箋我處只存數張（志輔大叔亦有信來談及此事），無《連環套》。當日木版是否只缺此一版，現在補刻，恐不易也。現在家中修理房屋已經兩個月，恐須再過兩個月才能完工。我生日時珏良、耦良、丁怡自北京來，住與良家。我處雜亂，無處可安身也。今年北方春旱，近日雨多，天氣悶濕。再過幾天即立秋，或可稍爽。我們身體都好，母親心臟病雖未大發作，但因修房雜事太多，不能迴避，時覺不適耳。你們何時回國，已定日期否？

不多及。祝

雙好

父字　八月六日

志輔大叔處可通電話，信已收到，另函復。

其中提到周一良轉給他的叔昭照片已收到，周叔昭上大學前曾寄居在天津的叔叔周叔弢家，與叔叔和幾位堂弟關係最深，周叔弢信中說他與周叔昭「一九四八年上海一別，轉瞬之間已三十餘年。叔昭手采似未大改，生活想不致太差。景珊已作古，或非誤傳。」可見三十餘年他們沒有通過音訊，若非周一良到美國訪問，周叔昭透過周一良轉寄照片給叔叔的話，他們此生就再也無緣得見，即使看一下照片都是件非常奢侈之事，更不用說連嚴景珊的去世，也僅靠傳聞，如今方得證實。這個情況一直到一九八七年台灣解嚴，兩岸才能直接通郵。另外附帶一提的是，周叔弢信中說：「你在普林斯頓講學照片，屋內懸『壯思堂』扁（匾）額，不知何人手筆？平時此屋作何用處？外國大學中有中國扁（匾）額，殊出意外。」周一良應該也不知這件事，據陸蓉之（傅申夫人）所寫《溯古開今：傅申》傳記說：「傅申在普林斯頓大學求學期間，曾應邀在中文圖書館的會議室中講演中國書法並現場示範而留下了他所書寫的『壯思堂』（Jones Hall）題字，至今仍高掛於室，成為普林斯頓大學中國藝術史研究所的傳世之寶。」傅申是書畫家、書畫鑑定家、中國藝術史學者，「壯思堂」三字是寫於乙卯春，也就是一九七五年。

我們看到一九九四年周叔昭另一位叔叔周叔迦的兒子，同時也是紅學家、文史學家、文物鑑定專家的周紹良（一九一七—二〇〇五），為了知道堂姊周叔昭在台灣的地址，還寫信問堂哥周一良，周一良在同年十月二十一日的回信中給了他周叔昭的地址。儘管兩岸可以通郵、通航、返鄉探親，但大江大海，曾經南渡，如今老邁都走不動了，才得以北歸，這對周叔昭而言都是遲了，正如張愛玲小說《半生緣》中曼楨對世鈞說的話：「回不去了！」

自從先生景珊過世後，叔昭就成了孤獨的老人，形單影隻，她已老邁更無力還鄉，還鄉須斷腸！她此時最想的是揮別心繫的上海周家，揮別分散在各地的親友，讓它此情成追憶！讓它一切成惘然！但這鄉愁卻總來纏繞，拂去了還滿，在無法擺脫之時，她總是打開她的小箱子，取出《留言冊》，一頁頁的翻著，但思緒有時跟不上了，沒有當年那麼敏銳了，她常常看了後面，再翻回前面，試圖要把這兩個人連在一起，因為他們兩個人明明是夫妻，或是好友？這樣一打發就是一下午，這其中最令她記憶深刻的是她在燕京大學的那群同學，有的是同班的，有的是不同系的，但無論如何她（他）們都有遠大的目標，而且她（他）也都各自達成了，這是她最歡樂的時光，因此她來台後就把她的書房取名「憶燕齋」，「燕」，不是燕了，是燕大！

歲月如刀，刻下她的記憶之痕，也劃下她老邁的皺紋，她再也無力提起筆來了，甚至她也放下她的軀體，她悄悄地走了，在一九九六年的某一天夜裡！她沒有任何的囑咐，只把她可能翻閱過不久的《留言冊》，擺在書桌前，她並沒有鎖進她的小箱子，她不再收藏，她留下的只有這本《留言冊》，似乎要告訴世人，這是一份「留情」！

1975年，傅申為普林斯頓大學東亞研究所會議室書「壯思堂」（Jones Hall），陸蓉之2005年攝

後記

蔡登山

周叔昭走後的二十六個年頭，我第二次打開這本《留言冊》，雖然在三年多前我有幸看到過，也翻閱過，但我無法完全理解它，當時我只記得裡面非常少的名字，當然這些都是周叔昭的師長，如吳文藻、冰心、費孝通、嚴景耀、雷潔瓊、吳宓諸人而已。如今再次翻閱，我感覺它是沉甸甸的訊息，竟是老人半生的生命屐痕，我要好好去解讀它。

但「周叔昭」三個字，只是一個姓名，除此而外沒有半點訊息，同樣《留言冊》裡也是一堆陌生的人名，幸好好友秦賢次兄收藏有一九三一年燕京大學的畢業紀念冊，這給我們一把鑰匙，打開第一道密碼，知道原來這許多陌生的名字有些是她的同學，有同系的，有他系的。再來我試圖查閱她自身的資料，卻一無所獲，只查到國家圖書館有幾本她翻譯的書籍，但因年代過久，現在都裝箱送去另處收藏了，突然想到《文訊》資料中心可能會有這些舊書，果然找到兩本，其中一本還是三民書局出版，我透過管道找到他們的高層，請編輯部調合約提供聯繫方式，但歷經半世紀過去了，合約檔案也沒保存。當天我人到新店去辦事，下午突然接到三民高層，Line給我她在網上查到的一個地址，我一看是周一良提供給周紹良的地址，我確定這是百分百的可靠，於是二話不說搭上捷運回到中正紀念堂，再叫了計程車到林森北路三九九巷三十弄十三號，我甚至帶上紙筆，準備訪問她的後人了，這是我拍紀錄片的慣性動作，當年曾做過無數次的田野調查，只是此次匆忙中沒帶錄音筆，但我信心滿滿，可以達成任務。車子駛進目的地的巷弄，我的心是雀躍而激動的，沒想到一轉彎，眼前過不去了，是一片工地正在施工，下了計程車一問鄰居，這原是公賣局老宿舍，已荒廢閒置十幾年，如今已開始深植無數的鋼筋，打下高樓的地基了！問了十三號，他們還能指出位置，至於提起周叔昭、嚴景珊，他們都答非所問了，我的心盪到谷底了！

拖著疲憊的身子，回到家我試著在臉書做尋人啟事，我上次在臉書上兩個小時上找到王賡在西德的孫女，但這次幸運之神並沒有眷顧我，連PO兩次音訊全無，絕望中好友林漢章兄突然發來周叔昭在一九六八年申請中山學術文化基金會的申請補助書，裡面有個人簡介等資料，這又燃起我的鬥志！於是我展開查詢舊報紙、舊雜誌的行動，找到嚴景珊的唯一一篇訪問報導，還有周叔昭發表在《聯合報》副刊和《幼獅文藝》的文章，這應該是僅有的資料了！

我再度打開《留言冊》，按照我建構的周叔昭人生行旅，重新排列冊中留言的順序，雖然其中有的有時間地點，但大部分是沒有的。再來解析這些人名的來歷，重新調整位置，例如裡面有夫妻檔，有父女檔，有母女檔，他們的題詞幾乎都是同一天的。接下來我必須從「上窮碧落」般的文獻中去找出他們和周叔昭相遇的可能性，如《顧頡剛日記》、《吳宓日記》、周一良回憶錄、冰心書信集、費孝通文集、周叔弢信函等等，我都翻閱過，這其中涉及五、六十人和她有關的。我去過五、六個不同的圖書館，總數超過五十次，曾經一天跑過三個圖書館，我要用細針密縷的文獻來做到京戲中對答般的「嚴絲合縫」，如此整個場景就自然又逼真，但我發覺確實是不容易的，尤其沒能親訪周叔昭的狀況下，我只能一步步地「逼近」真實！

感謝太多朋友的無私協助，例如雲南大學西南聯大紀念館的龍美光副館長幫我找到雲南的周貞一的女兒趙明和老師，台灣的羅芳教授幫我聯繫上遠在加拿大的名攝影家劉榮黔先生，他是劉廷蔚和吳元俊的兒子，也是吳鼎昌和陳適雲的外孫。而我和龍館長、羅教授並無一面之緣！其他還有福州的研究吳文藻、冰心的專家王炳根兄，北京研究冰心的學者李玲教授，北京學者孟繁之教授提供周一良的回憶錄、周景良的訪問稿、周叔弢的書信等等，都熱忱可感！當然最當感激的是何創時書法藝術基金會的何國慶董事長提供了周叔昭的這本《留言冊》，這是本書稿的核心，也是所有我們追尋的起點！在多次的相互討論後，我們合作完成此書稿。另外基金會的吳國豪主任也提供相當的協助！當然後面我們繼續尋找到相關人等的照片，也為提供照片的個人或出版單位致上謝意！終於讓此書能圖文並茂，為歷史留下一份見證！

周馥家族世系表
（周學海支系）

悫慎公 周馥（原名宗培）（字玉山）（號蘭溪）（配吳氏）（副室王氏、吳氏、王氏）

↓

學海（字澄之）（又字健之）（號潛初）（配安徽東至徐氏）

↓

達（原名明達）（字美權）（又字梅泉）（號今覺）（又號无否）（配陳氏）（繼室余婉君）

↓

- 女稚瓊（適殷迪）
- 女稚芙（適唐明善）
- 女叔蘅（美）（適夏孫嶽）
- 女叔嫻（適徐璋）
- 女叔昭（台）（適嚴景珊）
- 女叔蘋（港）（適李宗侃）
- 女仲蕙（適龔元彪）
- 女孟芬（適李壽頤）
- 煒良（美）（配德國人）
- 煦良（配陳氏）
- 震良（字伯鼎）（配沈氏）

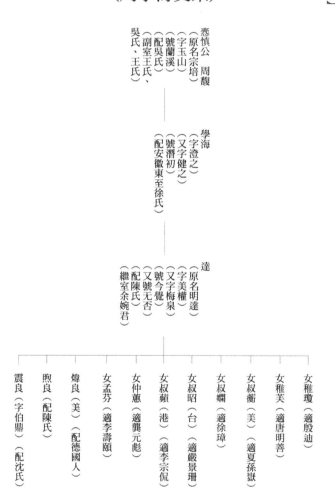

文學叢書 711

留情——一位大宅門女大學生的生命屐痕

作　者　何國慶、蔡登山
總編輯　初安民
責任編輯　林家鵬
美術編輯　黃昶憲
圖片提供　何創時書法藝術基金會
校　對　何國慶　蔡登山　吳國豪　吳美滿　林家鵬

發行人　張書銘
出　版　**INK** 印刻文學生活雜誌出版股份有限公司
新北市中和區建一路249號8樓
電　話　02-22281626
傳　真　02-22281598
e-mail : ink.book@msa.hinet.net
網　址　舒讀網http://www.inksudu.com.tw

法律顧問　巨鼎博達法律事務所
施竣中律師
總經銷　成陽出版股份有限公司
電　話　03-3589000（代表號）
傳　真　03-3556521
郵政劃撥　19785090 印刻文學生活雜誌出版股份有限公司
印　刷　海王印刷事業股份有限公司

港澳總經銷　泛華發行代理有限公司
地　址　香港新界將軍澳工業邨駿昌街7號2樓
電　話　852-27982220
傳　真　852-31813973
網　址　www.gccd.com.hk

出版日期　2023年 6 月　初版
ISBN　978-986-387-654-0
定價　390元

國家圖書館出版品預行編目資料

留情／何國慶、蔡登山 合著；
--初版．–新北市中和區：INK印刻文學，2023. 6
面； 14.8 × 21公分. --（文學叢書；711）
ISBN 978-986-387-654-0 (平裝)
1.CST: 周叔昭 2.CST: 傳記
783.3886　112005085